U0593693

厦门大学百年校庆系列出版物 · 编委会

厦门大学百年校庆出版物

百年院系史系列

厦门大学
信息学院院史

主　编　刘　弢

副主编　杨　蔷

编　委：（按姓氏笔画排序）

王　程　付光辉　刘　弢　许　茹　许克平

李承华　李翠华　杨　蔷　杨敬达　何宗炯

张　平　林锡来　郭东亮　黄长艺　廖明宏

厦门大学出版社
XIAMEN UNIVERSITY PRESS
国家一级出版社
全国百佳图书出版单位

图书在版编目(CIP)数据

厦门大学信息学院院史/刘彧主编.—厦门:厦门大学出版社,2020.12
ISBN 978-7-5615-8028-8

Ⅰ.①厦… Ⅱ.①刘… Ⅲ.①厦门大学信息学院—校史 Ⅳ.①G649.285.73

中国版本图书馆 CIP 数据核字(2020)第 252371 号

出 版 人	郑文礼
责任编辑	李峰伟

出版发行 厦门大学出版社

社　　址	厦门市软件园二期望海路 39 号
邮政编码	361008
总　　机	0592-2181111　0592-2181406(传真)
营销中心	0592-2184458　0592-2181365
网　　址	http://www.xmupress.com
邮　　箱	xmup@xmupress.com
印　　刷	厦门集大印刷厂

开本	720 mm×1 000 mm　1/16
印张	11.25
插页	2
字数	190 千字
版次	2020 年 12 月第 1 版
印次	2020 年 12 月第 1 次印刷
定价	39.00 元

厦门大学出版社
微信二维码

厦门大学出版社
微博二维码

 **总 序**

|厦门大学|党委书记　张　彦|
|校　　长　张　荣|

2021年4月6日，厦门大学百年华诞。百载风雨，十秩辉煌，这是厦门大学发展的里程碑，继往开来的新起点。全校师生员工和海内外校友满怀深情地期盼这一荣耀时刻的到来。

为迎接百年校庆，学校在三年前就启动了"百年校庆系列出版工程"的筹备工作，专门成立"厦门大学百年校庆系列出版物编委会"，加强领导，统一部署。各院系、部门通力合作，众多专家学者和相关单位的工作人员全身心地参与到这项工作之中。同志们满怀高度的责任感和紧迫感，以"提升质量，确保进度，打造精品"为目标，争分夺秒，全力以赴，使这项出版工程得以快速顺利地进行。在这个重要的历史时刻，总结厦大百年奋斗历史，阐扬百年厦大"四种精神"，抒写厦大为伟大祖国所做出的突出贡献，激发厦大人的自豪感和使命感，无疑是献给百岁厦大最好的生日礼物。

"百年校庆系列出版工程"包括组织编撰百年校史、百年组织机构史、百年院系史、百年精神文化、百年学术论著选刊、校史资料与学生名录……有多个系列近150种图书将与广大读者见面。从图书规模、涉及领域、参编人员等角度看，此项出版工程极为浩大。这些出版物的问世，将为学校留下大量珍贵的历史资料，为学校深入开展校史教育提供丰富生动的素材，也将为弘扬厦门大学"自强不息，止于至善"校训精神注入时代的新鲜血液，帮助人们透过"中国最美大学校园"

的山海空间和历史回响，更加清晰地理解厦门大学在中国发展进程中发挥的独特作用、扮演的重要角色，领略"南方之强"的文化与精神魅力。

　　百年校庆系列出版物将多方呈现百年厦大的精彩历史画卷。这些凝聚全校师生员工心血的出版物，让我们感受到厦大人弦歌不辍的精神风貌。图文并茂的《厦门大学百年校史》，穿越历史长廊，带领我们聆听厦大不平凡百年岁月的历史足音。《为吾国放一异彩——厦门大学与伟大祖国》浓墨重彩地记述厦门大学与全国34个省级行政区以及福建省九市一区一县血浓于水的校地情缘，从中可以读出厦门大学在中华民族伟大复兴征程中留下的深深烙印。参与面最广的"厦门大学百年院系史系列"、《厦门大学百年组织机构史》，共有30多个学院和直属单位参与编写，通过对厦门大学各学院和组织机构发展脉络、演变轨迹的细致梳理，深入介绍厦门大学的党建工作、学科建设、人才培养、组织管理、社会服务等方面的发展历程，展示办学成就，彰显办学特色。《厦门大学校史资料》（1992—2017年）和《厦门大学学生名录》（2010—2019年），连同已经出版的同类史料，将较完整、翔实地展现学校发展轨迹，记录下每位厦大学子的荣耀。"厦门大学百年精神文化系列"涵盖人物传记和校园风采两大主题，其中《陈嘉庚传》在搜集大量史料的基础上，以时代精神和崭新视角，生动展现了校主陈嘉庚先生的丰功伟绩。此次推出《林文庆传》《萨本栋传》《汪德耀传》《王亚南传》四部厦门大学老校长传记，是对他们为厦大发展所做突出贡献的深切缅怀。厦大校友、中国共产党早期会计和银行业奠基人高捷成的传记《我的祖父高捷成》，则是首次对这位为中国人民解放事业做出杰出贡献的烈士的事迹加以宣扬。新版《陈景润传》，把这位"最美奋斗者"、"感动中国人物"、令厦大人骄傲的杰出校友、世界著名数学家不平凡的人生再次展现在我们眼前。抒写校园风采的《厦门大学百年建筑》、《厦门大学餐饮百年》、《建南大舞台》、《芙蓉园里尽芳菲》、《我的厦大老师》（百年华诞纪念专辑）、《创新创业厦大人2》、《志愿之光》、《让建南钟声传响大山深处》、《我的厦大范儿》以及潘维廉《我在厦大三十年》等，都从不同的角度，引领我们去品读厦门大学的真正内涵，感受厦门大学浓郁的人文精神和科学精神。

此次出版的"厦门大学百年学术论著选刊"，由专家学者精选，重刊一批厦大已故著名学者在校工作期间完成的、具有重要价值的学术论著（包括讲义、未刊印的论著手稿等），目的在于反映和宣传厦门大学百年来的学术成就和贡献，挖掘百年来厦门大学丰厚的历史积淀和传统资源，展示厦门大学的学术底蕴，重建"厦大学派"，为学校"双一流"建设提供学术传统的支撑。学校将把这项工作列入长期规划，在百年校庆时出版第一辑共40种，今后还将陆续出版。

"自强！自强！学海何洋洋！"100年前，陈嘉庚先生于民族危难之际，抱着"教育为立国之本，兴学乃国民天职"信念，创办了厦门大学这所中国历史上第一所由华侨独资建设的大学。100年来，厦大人秉承"研究高深学术，养成专门人才，阐扬世界文化"的办学宗旨，在实现中华民族伟大复兴的征程上书写自己的精彩篇章。我们相信，当百年校庆的欢庆浪潮归于平静时，这些出版物将会是一串串熠熠生辉的耀眼珍珠，成为记录厦门大学百年奋斗之旅的永恒坐标，成为流淌在人们心中的美好记忆，并将不断激励我们不忘初心继承传统，牢记使命乘风破浪，向着中国特色世界一流大学目标奋勇前行！

张彦　张荣

2020年12月

前　言

　　1921 年厦门大学创立之初,学校即设有师范部理科,工科在其中开始萌芽；1922 年 7 月,学校增设工学部,正式开始工科办学历史。在此后近百年间,"计算机科学与技术"和"信息与通信工程"两个学科在校主陈嘉庚及其后继者"宁可变卖大厦,也要支持厦大"的倾资兴学精神感召下,在国家和地方政府以及社会各界的支持、帮助和关心下,在学科建设、人才培养、师资队伍、科学研究等方面获得了快速发展。今天的信息学院,已经逐渐成长为我国信息科学领域极具影响力的科学研究与人才培养基地之一。

　　在厦门大学百年求真、求知的风雨历程中,一代代厦大人传承校主陈嘉庚先生教育救国理想,秉持"研究高深学术,养成专门人才,阐扬世界文化"的办学宗旨,确立"自强不息,止于至善"的校训精神,形成了厦大独特的"四种精神",即陈嘉庚先生的爱国精神,罗扬才烈士的革命精神,以萨本栋校长为代表的艰苦办学的自强精神和以王亚南校长、陈景润教授为代表的科学精神。厦大特有的文化品格也深深地滋养着信息人,始终氤氲在他们兴办工科的艰难探索中。在这里,有长期在教学中兢兢业业、默默奉献的教师,也有在学科竞赛中挑战拼搏、为校争光的学生；有响应国家号召去往艰苦地方、工厂车间的师生,也有在科研领域攻坚克难、奋勇创新的研究人员。厦门大学的四种精神激励着一代又一代信息学科的师生自强不息、开拓创新,不断取得新的成绩。

　　在回顾厦大人探索工科发展的艰难历程的同时,面临国际形势的新变化和国家在信息领域的新布局,以及厦门大学给予信息学院新的定位和支持,信息学院在厦大新百年的起点迎来了重大发展机遇。为总结各个时期办学治院历程,为学院的发展提供历史经验和精神动力,学院院史编纂组以史料为编写基础,在学校校史编纂组的指导下编写了此书,这是学院发展史上第一次。万事开头难,院史编写工作得到了各方的帮助,厦门大学档案馆提供了关键的历史档案,学院退休教师和校友提供了许多珍贵的文字和图片资料,许多领导和老师提供了很多宝贵的意见和丰富的文本资料,在此致以衷心的感谢!

2020年,信息学院建设元年,回顾历史、总结经验,展望未来、砥砺前行,学院将在各方力量的关心和支持下开启新的征程。

《厦门大学信息学院院史》编纂组

2020年11月

目 录

content

第一部分 | 历史的脚步

厦门大学信息学院（国家示范性软件学院）于 2019 年 6 月由原信息科学与技术学院和原国家示范性软件学院（简称软件学院）合并组建而成。学院的发展历史可以追溯到厦门大学成立之初所创办的工科。1982 年 2 月成立的厦门大学计算机科学系，是国内最早组建的计算机系之一，2002 年软件学院的创办和 2003 年通信工程系的设立为相关学科发展注入新的动力。三十余年来，为更好地适应信息技术快速发展的需要，计算机科学系从成立到组建学院再到学科调整，学院不断进行优化重组。信息人始终秉承校训"自强不息、止于至善"的奋斗精神，一步一个脚印，为国家培养了大批信息人才，春风育桃李、秋实铸辉煌。

第一阶段　初创期：学科和学系的早期发展（1958—1985）

一、通信工程专业的萌芽

1921 年，厦门大学创立时设师范部理科。1922 年 7 月，学校增设工学、新闻两学部，开始了工科办学历史。1923 年 4 月，工学部改为工科。1923 年，理科分设 6 个系，由此物理系正式成立。1924 年 6 月，工科并入理科。1926 年 1 月，工科再次独立出来，由田渊添任工科筹备主任，后因条件不足，于 1927 年 6 月停办。1936 年秋，物理系和算学系合并为数理系，属理学院。

中华人民共和国成立前夕至 1950 年，数理系主任由当时的理学院院长卢嘉锡教授兼任。1951 年，方德植教授代理系主任。1952 年秋，随着全国院系调整，恢复成立了物理系。

1955 年，物理系物理学专业中就有电子物理专门化，下分无线电和电子发射两个方向。同年,开始固体发光研究,并研制出全国最早的电致发光材料。1956年,研制出我国第一块导电玻璃,并建立发光研究实验室,成为全国最早进行发光物理教学与研究的主要单位之一。半导体物理方面的研究也始于1955年,是我国开展半导体研究最早的单位之一。

1958年,为筹建福州大学无线电物理系,抽调了包括黄席棠教授等一批骨干教师前往福州大学任教。1959年夏,成立无线电物理专业,并于当年招生。1962年,无线电物理专业调整为专门组,保留原无线电物理教研室,负责物理系的无线电物理基础课程教学。1966年,因"文革"停止招生。1970年年初,物理系又复办无线电物理专业,有教师30多位,并抽调部分教师去创办厦大电子厂整机车间(后发展为厦大医疗电子仪器厂)。其主要产品有心脏起搏器、心脏监护仪等,在全国高校校办工厂中享有盛名。1971年,成立光电子物理专业,全系设半导体物理、无线电物理和光电子物理3个专业。1972年,开始招收工农兵学员,到1976年,4年间共招收270名学员,学制2年或3年。"文革"中期,多数教师和职工进入系办厂,下设电子车间、整机车间,生产半导体二极管、三极管及有关测试仪器等。该厂于1976年由物理系分出,发展为厦门大学综合电子厂。

1977年,全国恢复高校统一招生制度,从此无线电专业进入新的发展阶段。1978年起,以刘士毅、吴伯僖教授为主,开始招收半导体物理与器件物理专业的研究生,1982年改为硕士研究生。之后,又以陈贤镕教授为主开始招收无线电物理专业硕士研究生。

1978年,无线电物理教研室成功试制了福建省第一台晶体管电视接收机和晶体管电视自动转播机。1980年,无线电物理专业拥有教师40多位,由原来只有一个专业教研室分为电子线路、无线电及波谱3个教研室。1983年,公共电子学教研室成立,教师8人,教辅4人,在缺编的情况下担负起全校理工科8个系电子学基础理论课和实验课的教学任务。

1985年,根据发展需要,学校成立技术科学学院。同年4月,教育部批准设立无线电电子学专业。5月,在技术科学学院筹备组组长辜联昆副校长等领导下,在物理系无线电物理专业基础上正式成立了以物理系副系主任陈彩生为组长的"筹建电子工程系领导小组"。经过半年多的积极筹备,于1985年12月成立电子工程系,由原物理系电子线路教研室、无线电教研室以及部分基础课教师组成,归属技术科学学院。原无线电物理专业的在校学生,1984级30人、

1985 级全体为无线电电子学专业学生,学籍关系转到电子工程系。

电子工程系首任系党政负责人为许克平与许宝瑞,许克平副教授任副系主任主持系日常工作,许宝瑞任系直属党支部书记。全系有沈持衡教授 1 人、副教授 2 人、讲师 17 人、助教 10 人、助研 1 人、工程师 2 人、教辅 8 人,本科生 70 多人,研究生 3 人。

电子工程系成立之后,立即进行组织机构建设工作,全系分设 6 个课题组(即微机应用、通讯、生物医学电子学、应用电视、信号处理、微波技术)、3 个教研室(电子线路、无线电、微机应用)、1 个办公室、1 个资料室。尽管这一时期电子工程系已设有与通信工程相关的小组,但通信工程专业尚未正式成立,直至1994 年通信工程专业才获批招收本科生。

二、计算机学科的发展

计算机学科是随着计算机的发明和应用而逐渐兴起的一门学科,属于工科大类。厦门大学在中华人民共和国成立之前即有较强的工科基础,而计算机学科在厦门大学的萌芽与发展则与中华人民共和国成立后经济的进步、社会的需求有着密切关系。

早在 1958 年至 1960 年,厦门大学就开始在数学系试制计算机与开展自动控制理论的教学研究。当时数学系根据国家科学发展规划,选派一批师生外出学习计算机与计算数学,并派师生下厂下工地,开展自动控制研究,开设有关课程。

20 世纪 50 年代后期,福建省大规模的院校师资调整、合并尚在进行,厦门大学也表示要将学校剩余师资外调支援工业建设与其他学校。根据福建省委的安排,1959 年在福州筹建多学科、理工性质的福州大学,并指定厦门大学为支援福州大学理科数学、物理、化学三系的主要力量。厦门大学在 1959—1960 学年度工作计划中也明确将"大力支援福州大学所需要的师资、干部"列入。但当时厦门大学因数学系教师力量严重不足,故筹划将福州大学数学与厦门大学数学仍合并在一起,两年后再逐步将两校的专业包括有关师生分开,福大在福州正式建系。当时主流观点认为,几个学校办同一专业的可以适当合并,如厦大和福大的理科就没有必要重复,一个学校不能求全,求全有困难,也不需要,故选择将两校数学专业合并办学。分开之后,专业各有侧重,厦门大学开设传统数学专业方向,而福州大学则开设应用型较强的计算数学专门化,这也是当时计划中的福州大学数学专业唯一的专业方向。福州大学创办之初,由于其各方面条件有限,虽以福大名义招生,但学生入学以后,分配至厦大各系培养。1960 年,随着福大基建和设备具有了相当规模,计算机、计算数学教师全部支援福州大学,这部分师生约占厦门大学数学系师生总数的 1/3。

在学科建设方面,随着国防与工农业生产的发展,将广泛应用计算技术及自动控制技术,以提高劳动生产率,保障安全生产。而在计算技术与自动控制技术中,又有许多理论需要研究,以提高计算技术与自动控制技术的水平。当时福建省各个产业的自动化水平还比较低,急需大量掌握计算机和自动化专门技术的人才。对于厦门大学而言,虽然"文革"前学校在计算机和自动化方面基础比较薄弱,但在 20 世纪 70 年代初期的两年里,数学系试制计算机小组与射流元件研制组的师生在科研实践中与工厂协作,设计、试制成功一些专用控制机,积累了一定经验,为设置计算技术与自动控制专业打下实践的基础。为使计算机和射流技术研究与日益发展的工农业生产紧密结合,1971 年,厦门大学在数学系设立计算技术与自动控制专业,根据计划,该专业学制为 3 年,每年招生 80 人,招生总规模为 240 人,从 1972 年开始招生。当时,计算技术与自动控制专业有教师 28 人,按照 1∶3.5 的师生比,该专业计划配备教师总数为 103 人。为了更好地展开科研和教学,1972 年,厦门大学以该专业为基础,成立了数学系的控制理论教研室。为了更好地展开科研和实践,该专业还在校内建立了专用控制机和射流技术两个车间,并以三明有关工厂,厦门电机厂、渔具厂、卷烟厂及本校仪器厂为三结合阵地。该专业的目标是培养掌握计算技术和自动控制基本理论,能研制和运用专用控制机,具有解决福建省国防、工农业生产中提出的计算技术和自动控制实际问题能力的技术人员。

计算技术与自动控制专业考虑到福建省当时的自动化水平及数学系原有的基础,在研究方向的设置上,比较着重应用数学工具,采用电子技术和射流技术,研究各种专用控制机,实现工业自动控制,并计划经过几年实践后,向计算技术、自动控制理论方向发展,进行控制论、数理逻辑、信息论和数学有关理论的研究,带动计算技术和自动控制技术的进步。

根据 1974 年对教职工的统计数据,厦门大学数学系的控制理论教研室有教师 20 多人,其中包括讲师 7 人(杨玉钦、张鸣镛、林机、王建举、贺建勋、翁文辉、林家益)、教员 1 人(林铭玉)、助教 15 人(陈亚陵、施鼎汉、黄其民、蔡经球、梁益兴、郑远城、杨鸿坤、陈景辉、蔡维璇、曾昭盘、连瑞兴、吴锦林、邱实兰、黄国柱、陈淑瑾)。

1976 年,厦门大学数学系的计算技术与自动控制专业改名为控制理论专业。根据福建省高等学校招生办公室制作的 1975 年秋季招生专业介绍来看,厦门大学的控制理论专业生源(对口选送单位)为科学院所属单位和福建省工人、知青。通过为期 3 年的专业学习,要求学生掌握一定的数学和自动控制理论的基础知识,具有对控制系统进行数学分析和理论研究的初步能力,能从事工矿企业生产过程中及工程上模拟控制系统的设计、分析以及对较复杂系统使用小型专用计算机进行控制等实际工作,从而更好地为国防和工农业生产服务。

1978 年,根据福建省委对厦门大学发展规模和基本建设的意见,厦门大学在 1978 年至 1985 年厦门大学发展规划纲要草案中对控制理论学科的目标和意义做了进一步的明确。现代控制理论是研究系统控制的科学,它的出现有力促进现代数学的综合发展。通过迅速发展控制理论、计算数学等学科的数学理论,创造新的数学理论和数学方法,并促进重点企业采用计算机控制主要生产过程和进行生产管理。特别是在系统辨识、非线性滤波、最优控制理论、大系统稳定性理论、过程控制软件、计算方法、计算机的程序理论等某些研究方面做出贡献,并争取在 20 世纪内建立具有中国特色的"控制数学"学派。

1979 年,厦门大学专业设置中与计算机科学相关的专业出现新的变化。控制理论专业已调整为学制 4 年,另外新开设计算数学和计算机软件 2 个学制 4 年的专业,这 3 个专业的每年招生人数分别是 30 人,计算数学从 1979 年开始招生,计算机软件拟 1982 年开始招生。增设计算数学专业是因为现代科学技术的迅速发展,特别是电子计算机出现以后,计算工具的大变革,数值计算对生产的发展开始出现巨大的作用。计算数学专业的主要内容是研究科学技术和国民经济中提出的各类数学问题的计算方法及其应用。现代计算数学一面与其服务对象联系紧密,另一面又和计算机技术相互依存。现代计算数学的研究和电子计算机相适应,并且起着相互推动的作用,这使得与实践联系直接、广泛成为计算数学的一个显著特点。当时,该专业的师资力量包括副教授 1 人、讲师 3 人、助教 7 人,骨干教师为林坚冰、陈传炎、陈鹄汀、吴传霖、林清溪、陈法强等。

　　计算机软件专业的增设源于发展中国的计算事业、加速实现四个现代化需要。软件是计算机的灵魂,国家需要软件,更需要培养软件专业人才。该专业主要涉及计算机科学的数学理论和软件理论的研究,由计算机软件设计、系统设计和应用中提出来的数学问题以及发展新型计算机有关的数学理论问题。该专业在 1979 年之前已开展学术研究和应用实践,包括对"计算机的程序理论""控制软件的研究"等组织了专题报告,完成相关论文,同时完成第一机械工程部下达的"CK-710 计算机 BASIC 解释程序"并已交用户使用等工作。其师资力量包括讲师 2 人、助教 4 人,骨干教师为张少润、黄国柱、王士铁等人。

　　1980 年,数学系继续开设控制理论专业。从控制理论专业教学计划来看,相比于之前,在 80 级的培养理念上有明显的变化,更为注重所培养人才的科学研究能力。控制理论专业的目标是培养具有控制理论的基本知识和计算机控制系统的设计及分析能力,能从事控制理论研究和教学的专门人才。在研究内容上,控制理论专业主要研究系统控制的数学理论和方法,提取数学模型,解决工业过程控制及现代控制理论有关应用,着重研究滤波理论与随机控制、控制系统辨识与自适应控制理论、大系统最优控制与稳定性理论、计算机程序的数学理论与过程控制软件等课题,并且特别要求通过专门学习,能用一种外国语阅读专业书刊。在课程设置上,除"普通物理""高等代数""解析几何""数学分析""概率统计""复变函数""实变函数与泛函分析""常微分方程"等设为必修课外,"算法语言""滤波理论""系统辨识""数值计算""最优控制理论""自动控制理论""控制及原理""晶体管电路与脉冲技术"等课程也均被列入必修课。选修课程包括"泛函分析在控制理论的应用""信号检测""模糊性理论""最优化""多元控制系统""过程控制软件""分布参数理论""线性系统理论""大系统的最优控制理论""大系统的稳定性理论""最优控制理论(二)""时滞系统理论""数字逻辑""常微分方程近代理论""现代分析""理论物理中的某些方法""数值计算方法(二)""数理逻辑""程序验证理论""定理机械证明""过程控制软件""图论"等,选修课程也体现出该专业教师的研究特色。教学计划还强调科学研究训练,为使学生获得科学研究的初步训练,培养独立工作能力,在大量必修和选修课程学习的基础上,第八学期安排学生从事适量的科学研究训练,主要以参加小型专题讨论班的方式来实现。学业成绩特别优秀的学生,可在教师的指导下完成一篇独立的小论文;一般学生则可以由教师指导,搜集和阅读文献资料,做出专题报告,或者安排其他的实践活动。

1982 年,正式成立计算机科学系。当时从数学系分出 56 位教师和职工以及 100 多位控制理论专业的学生(78 级至 81 级),原数学系 4 个专业中的控制理论、计算机软件 2 个专业划给计算机科学系,下设控制理论、计算机软件、系统工程 3 个专业。李文清教授形象地比喻计算机科学系的专业设置是"信息传递、信息处理、信息管理",这恰恰与通常说的控制论、信息论、系统论对应起来。为了解决师资紧缺的困难,一方面对原有教师进行知识更新,促使他们加紧学习计算机知识,以迅速提高业务水平与操作技能,另一方面从国内有关大学引进高才生,作为新生的骨干力量。同时,采用请进来、派出去的办法,多方为办好系服务。系聘请计算机和控制论专家高庆狮、陈火旺、陈翰馥、郑维敏、于景元、闵桂荣等为兼职教授,并与国防科技大学计算机系建立姐妹系的友好关系,还邀请国外著名学者不定期来校进行学术交流。此外,系里又派十几名教师到美国、加拿大、法国、德国、英国留学进修。这样使计算机与系统科学系成为初具规模的中等系,师资队伍不仅能适应本系与外系的教学任务的需要,而且能承担国家、有关部委以及省、市和学校的科研任务。

同一时期,厦门大学计算机学科也开展研究生培养工作。1981 年,厦门大学数学系获运筹学与控制论硕士学位授予权,在厦门大学数学系的支持下,奠定了厦门大学控制科学和系统工程的发展基础。根据 1983 年 3 月的《厦门大学攻读硕士学位培养方案(试行稿)》,计算机科学系开设有计算机软件专业、运筹学与控制论专业两个主要的硕士研究生专业。其中,计算机软件专业设有人工智能与软件工程研究方向,并计划设置数据库与情报检索、计算机体系结构及微型计算机的应用两个新的研究方向。人工智能与软件工程研究方向的专业必修课包括"形式语言与自动机"(包括有限自动机与正规文法、下推自动机与前后文有关语言、线性界限自动机与前后文有关语言、图灵机与 O 型语言、可判定性问题、模糊自动机等)、"程序设计方法论"、"人工智能"(包括搜索策略、产生式系统、定理证明原理、推理理论、规划的产生式系统、知识的表达、LISP 语言等)、"软件工程基础"(包括大规模软件开发、程序设计基本方法、单语言多道程序设计、编译原理等)、"计算机语言概论"等。运筹学与控制论专业则包含滤波及随机控制、大系统理论(最优控制与稳定性)两个研究方向,滤波及随机控制研究方向的专业必修课包括"线性系统""随机控制系统""泛函分析在控制论中的应用

(2)"等,而大系统理论(最优控制与稳定性)研究方向的必修课则包括"多变量线性控制理论""系统工程的理论与方法""大系统的稳定性与结构""大系统的控制理论与应用"。在培养目标上,计算机软件和运筹学与控制论两个专业具有一致性,除在政治立场、思想品德方面对学生培养有明确标准外,同时都要求学生掌握坚实的各自专业的基础理论、系统的专门知识和必要的实践技能,熟悉所从事研究方向的科学技术的发展动向,且熟练掌握一门外语,能读、能写外文文摘(如第一学期着重语言基础训练,要求通过精读文章巩固和扩大词汇量,以期达到3000个单词左右,中等难度的一般文章的英译汉速度是不借助词典为每小时1500个单词,借助词典时文章难度提高且每小时2000个单词),并学习一门第二外语,达到能阅读专业文献的程度,最终要具有从事各自专业相关科学研究、教学工作或独立负担专门技术工作的能力。

计算机软件专业的人才培养计划:(1)根据培养方案的要求和因材施教的原则,从每个研究生的具体情况出发,订好每个研究生的培养计划并指导研究生订好个人学习计划;(2)对研究生的培养采取课程学习和论文工作并重的方式;(3)整个培养过程贯彻理论联系实际的方针,使研究生既能掌握本专业的基本理论和专门知识,又能掌握科学研究的基本方法,同时,计算机软件专业要求在"数学分析""离散数学""程序设计基础"等学科方面,掌握现代计算系统的基本知识和软件设计的基本思想和方法,以适应近代计算机科学的迅速发展,计算机软件专业研究生要求在人工智能、软件工程、数据库和情报检索、计算机体系结构及微型计算机的应用等课题做深入的研究;(4)重视对研究生的智能培养,教师应启发研究生深入思考与正确判断、培养独立分析和解决问题的能力,计算机软件专业培养研究生在人工智能和软件工程方面的研究、开发、使用和维护的技能,以及微型计算机的应用能力;(5)关心研究生的全面发展,加强思想工作和道德品质的教育,研究生应认真参加时事政策的学习,积极参加公益劳动和体育锻炼;(6)重视研究生作风的培养,特别要培养他们实事求是的科学态度和踏实、严谨的工作作风。

学位论文工作是培养研究生科学研究能力的重要方面,计算机软件专业对学生的学位论文也做出明确要求。首先,在做论文之前,教师要指导研究生如何进行查阅文献,培养获得情报的能力,在此基础上,搜集资料,参加计算机辅助科研(computer aided research,CAR)系统的工作,初步能写综述和生产实践的综合报告文章。每个研究生最迟于第四学期给出学位论文选题报告,经导师同意和教研室审查确定后,由研究生制订论文工作计划,开展研究工作。论文题目确定后,用于研究和撰写论文的时间不得少于一年。其次,论文的选题必须对国民经济或在学术上有一定的意义。要结合专业的研究方向,并在前人工作的基础上深入一步,在方法或概念上要有创新。同时要求论文在导师指导和教研室协助指导下由研究生独立完成。

计算机软件专业的研究生培养还有一个教学实践环节。当时研究生培养的主要目标是使其成为高校教学科研人员,为了使研究生对大学本科的教学实践有直接的初步锻炼,要求研究生应参加一个月(约 180 学时)左右的教学实践。教学实践可采取多种形式,如试讲本科某些课程章节,辅导一门课程或辅导本科生的毕业论文等工作。导师和教研室对研究生的教学实践应做出安排和检查,并给予评定合格者相应学分。

运筹学与控制论专业的研究生培养,在培养方式、学位论文和教学实践等环节总体上均有明显的一致性,但仍有几处明显的特色。第一,在培养方式上,该专业的滤波及随机控制研究方向的研究生要求以微分方程、随机过程及泛函分析 3 种数学分支作为工具,探讨控制理论中滤波及随机控制的数学模式;而大系统理论(最优控制与稳定性)研究方向的研究生则要求以微分方程、近世代数理论为数学工具,对多变量系统、系统工程、系统最优控制、大系统的结构及稳定性等课题做深入的研究,并注意管理系统的应用,同时要求研究生掌握一定的计算机技术,以期对系统工程在生产管理上产生效益;第二,在学位论文方面,运筹学与控制论专业的研究生被要求在第三学期应先作一篇短篇试验性的论文,以便能使研究生初步掌握论文的问题应如何提出、如何查阅文献以及如何写初具创见的文章;第三,在教学实践之外,运筹学与控制论专业的研究生还有上机实习环节,研究生选修计算机课程,并由计算机课主讲教师辅导,进行程序编写、上机,研究生被要求对离散控制中一些课题应有编写程序的能力。

系统工程是现代化的组织管理技术,其主导思想是从系统观点出发,综合应用现代科学技术(特别是管理科学和计算机技术),使各科系统能够得到最优规划、设计、控制和管理,它是提高组织管理水平、提高经济效益的有效手段。系统工程专门人才可以成为经济、科研、教育等部门的管理机构进行预测、决策、规划、管理的参谋和智囊,成为企事业单位的管理干部,为加速"四化"建设、发展系统工程专业、培养大批系统工程专门人才提供重要决策。1983年,为进一步贯彻落实国务院批转教育部和国家计委关于加速发展高等教育的指示,以及教育部对厦门大学"五定"批示,同时也是适应社会经济发展的需要,经与航天工业部、水利电力部联系,厦门大学向教育部提出了设置系统工程专业的申请。按照计划,系统工程专业由系统工程教研室主要负责,该室当时有13位教师(副教授2人,其中1人提升教授待批;讲师7人,其中4人提升副教授待批;助教4人,其中2人获硕士学位),教辅人员1人。该室从1978年开始进行大系统理论及应用的研究,是教育部"大系统理论及应用"研究项目的主要参加单位之一,应邀派代表参加了1978年、1979年、1980年举行的教育部直属高等学校发展系统工程的工作协调和学术讨论,并先后多次参加了全国性系统工程、系统理论学术会议,1983年1月又协助中国自动化学会系统工程专业委员会主持了第三次学术讨论会。该室在大系统理论方面具有一定的研究基础,在工业控制等系统中的应用及系统工程应用研究方面取得一定成果,被同行看作国内大系统理论的研究基地之一。除科研方面的成绩外,控制理论教研室在教学方面也有良好基础。该室贺建勋、林坚冰副教授分别招收了两届"大系统理论及应用"、一届"分布参数控制"硕士研究生,已开出了"大系统定性分析""大系统最优化应用""系统工程""最优化基础""分布参数控制"等研究生课程与选修课,举办了一期系统工程短训班,计算机仿真实验室建设也取得一定进展。同时,厦门大学已与航天工业部、水利电力部确定了委托培养控制理论专业人才,两个部还答应提供一定办学条件和选派兼职教师;农牧渔业部也计划请厦门大学培养控制理论专业人才。1983年年底,厦门大学获准创办"系统工程"专业,这也是全国综合性大学理科中的第一个系统工程专业,该专业于1984年开始招生,每年30人。

与此同时,1984年教育部高教一司下发《关于征求对〈计算数学〉专业改变名称的意见的函》,厦门大学数学系充分讨论后认为,由于应用软件,特别是数值软件已是计算数学的一个重要内容,同时国家的"四化"建设又迫切需要应用软件方面的人才,计算数学专业的人才培养也应该结合应用。因此,厦门大学完全同意将"计算数学"专业改名为"计算数学与应用软件"专业,并计划在教学方面加强应用软件课程建设、增加学生上机实习时数、提高教师应用计算机的能力并建议由教育部组织有关院校对"计算数学与应用软件"专业的教学进行讨论、制订统一的教学计划等。1984年12月29日,教育部高教一司下发通知,要求各综合性大学理科(本、专科)填写专业调查表,从厦门大学数学系的调查表来看,更名后的"计算数学与应用软件"专业的学术带头人为陈传淡副教授,专业特色课程包括"数据库""最优化方法""编译技术"计算机应用等。

三、科学研究的起步

尽管计算数学方面的师资全部支援了福州大学,但厦门大学的计算机学科的发展并没有就此停下脚步。1970 年,厦门大学即意识到,电子计算机是当时电子自动控制的最高水平,计算机的推广使用,对于巩固国防和提高生产率具有极其重大的意义,便按照"独立自主、自力更生"的指导思想,开始筹划制造计算机,并建立计算机服务站、开展计算程序研究。同年,试制计算机小组与射流元件研制组在数学系成立,其研制计算机课题的项目包括:(1)低速普及型数字计算机的研制;(2)专用计算机的研制;(3)大型通用计算机的研制;(4)计算程序的研究;(5)建立计算服务站。与此同时,射流技术的开发也被提上日程。射流技术是当时流体力学应用于自动控制的一门新技术,具有经济、可靠的特点,可以广泛应用于国防建设、工业生产、交通运输方面的自动控制。更为重要的是,集成射流逻辑技术的发展,可以促使小型专用射流计算机和低速通用数字计算机迅速发展。根据计划,厦门大学的射流技术及射流计算机项目的开发内容包括:(1)射流元件的研制;(2)集成射流逻辑部件的研制;(3)专用射流自动控制机的研制;(4)射流计算机的研制。这两大项目均被列入厦门大学 1971 至 1975 的 5 年科研计划当中,并在 1971 年分别拨款 2 万元和 1 万元正式启动。

应用型研究的一个关键环节就是科研成果的转化利用。1970 年,厦门大学数学系的射流技术团队曾与学校仪器厂合作,经过一个月的连续苦战,自己设计并成功试制出一套"射流元件",并由此制造了一台射流控制气动锯床。1971 年,数学系的射流技术团队还与厦门卷烟厂合作,利用射流技术与光电等气电相结合的办法,制造并安装了一台加料程序自动控制机,使得该厂的 8 台卷烟机实现了烟丝加料自动化。以上这些科研转化成果提高了相关工厂的生产效率,也为射流技术团队积累了丰富的实践经验。

1972 年,试制计算机小组与射流元件研制组的工作继续推进。其中,通用电子计算机研发项目的拨款达到 30 万元,计划在 1973 年完成全晶体化、每秒二万次电子计算机的研制。同时计划通过厂校协作,在 1973 年至 1974 年间,研制完成 16 位晶体管台式计算机,其功能应包括可进行加减乘除、乘方、倒数、对数、三角函数等运算。而射流技术项目团队则要在 2 万元经费的支持下于 1972 年内完成光刻蚀刻元件研制和专用控制机的研制,此后又获得福建省计委 1 万元的拨款推进射流技术的研究和推广。

通用计算机研发项目组认为,从国家层面而言,计算机的推广使用对巩固国防和提高生产效率特别是电子工业的发展具有极其重要的意义;对于福建省而言,建立小型计算中心站可以为本省国防和工农业生产提供迫切需要的大量计算能力;对于厦门大学来说,教学、科研也需要大量数值计算,如工业控制机的数学模型提取、程序自动化的研究、地震预报、气象预报、应力分析等都需要计算机参与。基于这样的认识,根据 1974 年至 1975 年的厦门大学自然科学研究计划,学校数学系控制理论教研室通用计算机研制项目组在 30 万元经费支持下,利用磁芯测试仪、高频脉冲发生器等先进仪器,继续推进电子计算机的研制。1974 年上半年进行研发准备,下半年开始逻辑线路设计并焊接,1975 年上半年进行调整,下半年总调。虽然本阶段仍是研制自主设计的中小型通用电子计算机,但相比于 1973 年的版本,在运算速率上有了明显提升,将达到 10 万次/秒,容量为 4×4096 单元,并有其他创新设计。

从 1974 年开始,在大搞"开门办学"号召下,数学系抽调了一批教师和 23 名应届毕业生到国家重点企业青州造纸厂去,参加计算机过程控制项目。为了获得项目经费(当时有食品、纺织两大行业激烈竞争),经过厦大教师何宗炯与厂方的车间工艺、仪表技术员到轻工部科技司力争、答辩后,终于得到该项目经费 150 万元。该项目名为"造纸车间网前箱定量与水分最佳控制",参加此项目的单位有四机部六所、天津仪表厂、福州大学等单位。经过几年的安装调试,基本上完成该项目的技术要求。但遗憾的是由于当时采用的电子计算机是国产的 DJS-130 机,其技术指标只能保证 50 小时可靠运行,对于控制一个 24 小时生产的车间是满足不了要求的,因此该项目以失败告终。但经过几年的实践,师生们对计算机过程控制都积累了丰富的知识,他们回校以后对教学和科研都有极大的帮助。

1977 年,数学系的控制理论教研室继续展开新的研究。1977 年 2 月,厦门大学参与了福建省国防工业办公室主导的 050 微型机试制工作,提供技术上的支持和帮助。与此同时,从厦门大学接下来 1978 年至 1985 年的自然科学研究规划来看,控制理论教研室主要承担两个项目:一是系统辨识理论的研究。在工业生产中,要实现计算机控制,首先遇到的是数学模型的提取,这是关键问题,而为了进一步提高控制效果,应选择采用自适应最优控制度。为了实现相关研究目标,需要收集国内外有关识别理论及方法研究的动向及进展情况,结合与项目组有合作关系的青州纸厂的任务及编写教材,开展系统辨识理论及方法的研究。二是数学模型的研究。项目组认为,为了实现四个现代化,工厂企业生产必须采用先进技术,用电子计算机控制生产过程、提高产量质量。为了实现研究目标,需要进行数学模型的提取,根据工厂的生产工序提取各种类型的数学模型和建立相应的最优控制系统,并开展系统辨识理论和最优控制理论的研究。厦门大学控制理论教研室科学研究工作在与国防、工业生产需求的结合中持续推进,研究团队快速成长。

1978 年,控制理论专业教师参加原国重 105 项目"研究系统工程——解决大系统的最优设计、最优控制和最优管理的问题"的研究,参加当时教育部组织的该科研组 1978 年、1979 年、1980 年 3 次学术讨论与工作协调会议。该项目被列入学校 1979 年重点科学技术研究项目。该项目是对控制理论教研室此前长期科研成果的集成和创新研究,其内容包括 6 个方面:一是系统辨识理论研究,进行系统辨识与参考估计的基础理论研究,结合工业生产过程中提取数学模型等问题开展工作,同时开展在线识别与处理方法的研究,最终编写一本《系统辨识》教材,计划 1979 年年底以前完成;二是造纸的数学模型研究,进行纸的定量和水分数学模型的研究,着重模型参数估计理论的研究;三是大系统的最优控制理论研究,包括报告、翻译并争取出版 L. D. Berkovitz 的专著《最优控制理论》,收集了解大系统最优控制理论方面的资料文献并进行报告讨论、作出综合报告,针对集中参数系统的最优控制理论、分布参数的极值控制理论进行专题研究并完成相关研究成果等;四是大系统的稳定性理论研究,包括收集了解报告大系统稳定性理论方面资料文献并作出综合报告,时滞系统的稳定性理论研究,某些非线性控制系统的稳定性研究,控制系统的最优控制与稳定性的关系研究等,相关研究均要完成专题论文或研究报告;五是自适应控制理论的研究,开展自适应控制基础理论研究,并结合造纸机的计算机控制进行工作,目标和要求是通过开展讨论班活动完成自适应控制理论的研究报告,并将相关成果应用于造纸生产过程自动化、写出总结报告;六是随机控制与滤波理论研究,用统一的观点研究门式滤波、维纳滤波、卡尔曼滤波以及随机控制中相关理论的探讨,并结合研究生班课程编写教材《随机控制与滤波理论》。

1977年,厦门大学与华东师范大学、山东大学、南开大学、中山大学的同行发起全国"控制理论与应用学术交流会"。1978年,控制理论专业教师参加原国重105项目"发展系统工程,研究大系统的最优设计,最优控制,最优管理"的研究,参加当时教育部组织的该科研组1978年、1979年、1980年3次学术讨论与工作协调会议。从此,开始了关于系统工程的研究。1979年,受中国自动化学会的委托,在厦门举办第一届全国控制理论与应用学术交流会,该会议后续发展为中国控制会议。1981年,主办中国自动化学会系统工程专业委员会第三次学术讨论会。

四、相关学系的成立

进入20世纪70年代以后,经济社会发展的各个领域都受到计算机应用的冲击和渗透,多所重点高校的计算机学系先后建立起来,包括在1960年接收了厦门大学计算机相关师资的福州大学也计划把数学系改为计算机科学工程系。伴随着国家科技、产业的发展需求和厦门大学计算机学科队伍的日渐成熟,建立本校计算机科学系的议题开始被提上日程。1980年6月,厦门大学召开文、理科座谈会,提出了发展工科等设想,这鼓舞了计算机学科的发展热情。同年9月6日,数学系教师林坚冰和张平向学校提交了《关于建立厦门大学计算机科学系的建议》。这份建议从四个现代化建设的需要、国内其他重点大学的经验、国内各部局的希望、省内各单位的要求、本校各理科系的希望、本校文科各系的要求和本校各种仪器设备配计算机7个方面分析了成立计算机科学系的必要性,又从厦大数学系的计算机软件教研室、计算机硬件教研室、控制理论专业、计算数学专业以及原有的计算机软件、计算机硬件教学科研人员的配置情况等与计算机学科密切相关的方面分析了成立计算机科学系的可能性。

1980年9月9日,来自化学系的教师季欧也向学校提交了《关于建立厦门大学科学仪器与试验工程系的初步建议》,分别从社会主义现代化建设、其他工科院校仪器仪表专业的发展情况等方面论述了设置学系的必要性,从厦大现有的教学实验条件、教材编写、科研转化成绩、科研仪器配置等方面讨论了成立学系的可能性,并提出了通过成立学系,先设置分析仪器专业继而创造条件建立电子仪器专业的总体思路。

1980 年 9 月,林坚冰和张平关于建立厦门大学计算机科学系、季欧关于建立厦门大学科学仪器与实验工程系的初步建议,均由学校办公室打印并呈送校领导研究和参考。1981 年 3 月 10 日,厦门大学校刊报道了校党委新学期的工作计划,其中指出,要按照 1980 年 12 月全国教育工作座谈会的精神,逐步把厦门大学办成一所具有多学院组成的综合性大学,拟"筹建工科性质的仪器仪表实验工程、计算机科学系等,向着文理渗透、理工结合的方向发展,这项工作要有计划、有步骤着手进行,既要积极、又要慎重"。

在这种背景下,筹办计算机科学系开始进行并不断推进。筹备领导组由副校长潘懋元教授兼任组长,数学系李文清教授任副组长。经过一年多积极筹备,建立了系领导班子,从数学系分出 56 位教师和职工以及 100 多位控制理论专业的学生,同时把计算机实验室、自动控制实验室划归进来。1982 年 2 月,正式成立厦门大学计算机科学系,李文清任首届系主任,蔡经球任系副主任。1982 年 2 月建立中共厦门大学计算机科学系总支部,林仲柔任书记,蔡维璇任副书记。计算机学系最初计划设置控制理论、计算机软件、计算机硬件、常微与最佳控制 4 个教研室,不过在学系正式成立时,实际设有 3 个教研室(控制理论、软件、微分方程与最优控制)、一个直属教研组(基础课教研组)、两个专业(控制理论、计算机软件)、一个微型计算机实验室、一个简易阅览室和一个器材供应室。

与此同时,科学仪器与试验工程系以及科学仪器与实验工程专业的设置方案也在逐渐形成。1981 年 4 月 20 日,据厦门大学校刊报道,谢希德等校友在校庆 60 周年的理科校友座谈会上发言,指出了"母校兼办工科的必要性和可能性……认为母校的理科实力强,办些相应的工科是很有前途的",比如"增办海洋探测等精密仪器的工科……办出自己的特色来"。1981 年 5 月 10 日,在厦门大学上报国家教委的《关于我校"六五"计划和十年设想的报告》中,提出设置科学仪器与实验工程新专业。1981 年 7 月,厦门大学办公室将季欧提交的《关于筹建分析仪器专业的初步设想和建议》呈送校领导和有关部门研究。在季欧的建议中,分别从中国仪器仪表工业的发展现况和蓬勃的发展前景、仪器仪表工业产品质量问题与本土人才紧缺、分析仪器专门人才培养不足的现状(当时国内尚无一所学校设置分析仪器专业)等几个方面讨论了设置分析仪器专业的必要性和紧迫性。希望通过该专业的设置,培养出既有理论知识,又掌握实验技能;既能研制仪器,又能使用仪器,而且能在毕业后 3～5 年内成为学术带头人的分析仪器专门人才。此后,在首先试办分析仪器专业的基础上,试办电生理仪器和海洋仪器等专业。

1981 年 10 月 7 日,厦门大学规划小组邀请化学、物理、海洋三系及仪器厂的陈贤镕教授,季欧、许天增副教授,王贤智、吕文选、翁心桥、罗颖华讲师等,就厦门大学设置科学仪器与实验工程系问题进行座谈会并交换意见。与会代表指出,中国与国外科学技术的差距,仪器仪表的落后尤其突出,且厦门大学已制作出一系列科学仪器,厦大在化学系、海洋系、物理系和仪器厂均有一定数量与科学仪器专业关系密切的科研人员和技术人员,说明厦大有基础也有实力设置这一专业。故座谈会专家一致认为,学校应尽快成立一个筹备小组,并就筹备本专业的需要与可能,学科的性质和任务,教学计划设想、规模速度,以及办学需要的条件等,提出初步方案,然后征求一机部、教育部以及福建省和厦门市等各方面意见;专家还认为可以与仪表总局落实制定联合办系的协议草案,最后由党委再讨论,做出决定。

厦门大学就设置科学仪器与实验工程专业的问题,经过反复调查、多次组织讨论,确认该专业国家很需要,厦门大学也有条件设置,并得到国家仪器仪表工业总局和厦门特区大力支持,1982 年 2 月 22 日,国家仪器仪表工业总局致函教育部,抄送厦门大学,建议在厦门大学设立分析技术及仪器专业。在向教育部、国家仪器仪表工业总局汇报设置科学仪器与实验工程专业的计划并被认为可行之后,厦门大学于 1982 年 3 月 11 日成立科学仪器工程系筹备组。1982 年 3 月 17 日,厦门大学拟定《关于设置科学仪器工程专业的报告》上报教育部、抄报国家仪器仪表工业总局、一机部教育局等有关单位。随后,由筹备组成员潘懋元、季欧携带《厦门大学科学仪器工程系科学仪器工程专业教学计划(草案)》等书面资料,到教育部高教一司、高教二司、计划司及国家仪器仪表工业总局教育处、测试处、科技处进行口头汇报。教育部和仪器仪表工业总局领导认为,厦门大学设立科学仪器工程专业的理由充分,可在教育部即将召开的"五定"会议讨论通过后正式批准。由此,厦门大学开始计划建立直属校部、由教务处代管的科学仪器教研室,确定教学与行政人员、制定教学大纲、编写教材、筹划招生等,筹建教学实验室以及开设相关选修课等。科学仪器教研室的首批专职工作人员包括季欧、翁心桥、黄贤智、黄会良、倪可信、许峰岩、李刚强、黄春星等。

1983 年 6 月,在科学仪器教研室的基础上成立科学仪器工程系,季欧任系主任。1983 年 11 月,建立中共厦门大学科学仪器工程系支部,黄春星担任书记。该系 1991 年 5 月更名为"科学仪器与精密机械系",仍简称"科仪系",1998 年并入机电工程系。

第二阶段 成长期:成立工程技术学院（1985—1990）

一、工程技术学院的成立

进入 20 世纪 80 年代后,国际上一方面新技术及其产品迅速向知识密集型、技术密集型和信息密集型转化,另一方面不断出现一系列新兴科学技术,逐渐形成以电子计算机和大规模集成电路为核心的新技术群,并向通信化、计算机化和自动控制化的信息社会迈进。其主要特点就是自然科学与工程技术的紧密结合、相互渗透、相互促进。工程技术的发展日益依赖于基础理论和实践,而科学研究的发展也日益依赖于各种复杂的工程问题和先进仪器设备的解决。随着中国对外开放和经济特区建设的发展,大量引进先进科学技术和先进管理经验,亟须大批掌握先进科学技术的专门人才。但在当时,中国新技术科技人员的数量、素质、结构、层次和分布都远远不能适应新技术革命的需要。更重要的是,厦门大学学者已经意识到,学校地处经济特区的特殊条件,更应该发挥自身综合性大学的优势,为国家和特区培养更多工科和理科相结合、交叉研究和开发的人才,培养掌握尖端和精密技术的开创性人才。

为适应对外开放和经济特区建设的需要,为迎接世界新技术革命的挑战,1985 年 1 月 29 日,厦门大学向教育部及教育部计划财务司提交了《关于成立厦门大学技术科学学院的报告》。该报告从厦门大学的学科(门类齐全,具有基础研究、应用研究和发展研究的能力,且当时新成立了实验中心和计算中心等有利科研条件)、师资(无线电电子学专业、计算机科学系、科学仪器工程系等均有经验丰富、特色鲜明的师资队伍)、设备(各种实验室总面积达到三四千平方米、相关专业仪器配置较为齐全)、环境(厦门大学地处特区,国际交流合作频繁,特区的快速发展和国外投资、先进技术的引进都将助推厦大技术科学学院的发展)几个方面分析了在厦门大学成立技术科学学院的可行性,并对学院的专业设置、课程安排、师资调整和补充、学科交叉与发展等方面做出了说明。

面对经济特区对外开放、引进先进科技的需要和当时福建省特别是厦门科技力量薄弱、科技人才紧缺的现实,1985 年 7 月 15 日,厦门大学再次向国家教育委员会计划司呈文说明建设技术科学学院的必要性和紧迫性。厦门大学表示学校在呈送《关于成立厦门大学技术科学学院的报告》后的半年里,在科系、专业组成、师资队伍以及实验室建设等方面积极筹备且已基本就绪。在专业方面,技术科学学院的组建主要以既有的计算机科学系、科学仪器工程系和无线电电子学专业为基础,依托化学、生物两系的老专业筹办材料化学专业和生物技术专业,并且打算在当时基建处设计室的基础上筹设建筑学专业。

其中,生物技术专业计划以遗传工程为基础,以生物资源深层开发为技术目标,着重向酶工程、微生物工程、细胞工程和植物资源产品以及副产品开发方向发展。专业目标是培养开拓新路的技术干部和有关人才。当时,生物系已经在落实该专业的实施方案,包括突破旧的学科体系框架、进行教学计划和课程改革,同时准备基础实验、筹建生产实习基地、积极进行实验室建设和中间生产场室建设,为科研发展奠定基础,并明确继续加强师资队伍建设,抽调部分教师备课、进修等。该专业已在准备学生前两个学年的基础课和实验课,而 1988 年以后学生的专业课讲师将由学成归国的留学人员担任,并计划陆续聘请国内外专家学者到校兼课和讲学。而材料化学专业方面,因化学系基础理论扎实、力量雄厚,故计划在此基础上加强应用化学、推进精细化工,以高分子、有机化学、无机化学等专业为主,联合其他学科,筹办新材料科学专业。

1985 年开始筹建建筑系,由辜联昆副校长、教务处刘正坤处长负责筹建工作。1985 年 6 月 13 日,南京工学院(现东南大学)与厦门大学签署了《建立协作关系的近期安排意见》,厦大请南京工学院到厦大合办建筑学专业。

按照最终的目标,技术科学学院要形成教育和科研两个中心,充分发挥优势,促进学院各学科、专业之间的相互协调;大力抓好软硬科学结合,继续开发边缘、横断和新兴学科;将担负起科学技术的咨询决策和重大项目的综合研制任务,使教育同经济相结合,成为教学、科研、生产的联合体。

1985 年 10 月 4 日,国家教育委员会批复并同意厦门大学设立技术科学学院,并指出学院的主要任务是在校长的领导下负责协调、组织有关系科、专业的教学、科研工作等事项。同月,厦门大学在计算机科学系、科学仪器工程系和无线电电子学专业的基础上正式成立技术科学学院,吴存亚任首任院长,学院为工科性质的教学、科研和科技开发单位。

为了有效解决技术科学学院成立初期的相关问题,保证学院平稳且快速发展,以尽快适应国民经济和社会发展的需要,1985 年 12 月 19 日下午,在技术科学学院院部会议室,校、院、系负责人一起讨论了学院当时面临的工作。多个系提出包括设备陈旧、经费不足、人员编制不足问题,其中计算机系电子计算机难以满足教学和科研要求,电子工程系人员不足问题突出;各系建议有关部门对各种公共基础课教师队伍进行调整,集中到某个适当的系,其他系要开有关基础课,由集中基础课师资的系派出教师负责,如此各系相互支持、互开公共基础课,使得师资配置更为合理;经费问题方面,技术科学学院认为自身作为一个新办单位,底子薄、设备少、图书资料很缺、院系创收不多,故建议学校在创收分成上给予学院特殊照顾,增加院系资金作为发展基金;此外还有办公用房紧缺、实验中心开放、电子学专业实验室建设经费超支问题都被一一提了出来。根据纪要提出的安排,前述相关问题都将以学院自行解决和学校相关部门配合解决两条路并行前进的方式逐步达成。

1985 年年底,土木工程系 1947 届校友洪敦枢从福州大学调回厦大,参与负责筹办建筑系事宜。1986 年 1 月 15 日,南京工学院鲍家声副教授、建筑系总支书记黄一鸾、柳孝图副教授应厦大技术科学学院吴存亚院长邀请来厦商谈协办建筑系问题,吴存亚院长、金坚副院长、基建处孙和平副处长参加商谈,双方达成共识,师资方面,南京工学院建筑系可通过 4 种方式支持厦大:一是在本人自愿基础上调人到厦大工作,二是借调,三是兼职授课,四是每年给厦大建筑系代培研究生。在教学和教材方面,南京工学院建筑系可以协助制订教学计划、课程设置等。在图书资料和实验室配备方面,南京工学院建筑系可以对口支持,帮助厦大代培实验人员和设置采购计划。在领导班子方面,南京工学院派出副教授以上人员来厦大兼职任系主任,负责开办建筑学专业,争取 1986 年得到国家教委批准,1987 年正式招生。双方就科研合作达成共识,同意合办设计研究所,争取将厦大乙级建筑执照提升为甲级,共同承担厦大的工程设计任务,在条件具备时还可承担厦门市、福建省的工程设计任务。

　　1986 年 2 月 27 日,学校发布《关于筹建建筑系、建筑设计研究所有关问题的通知》,学校于 1 月 31 日和 2 月 20 日办公会研究同意筹办建筑系和成立建筑设计研究所,学校同意来自技术科学学院、基建处、人事处、财务处、教务处的 9 位同志组成建筑系及建筑设计研究所筹备组,召集人为金坚(技术科学学院)、洪敦枢(技术科学学院)、孙和平(基建处),校基建处现有设计室与建筑设计研究所合并,一套人马,两块牌子,双重领导。筹备组拟订建系计划,学习省外兄弟院校办学经验,物色师资人才。1986 年 5 月 3 日,学校与南京工学院签订《关于南京工学院支援厦门大学筹办建筑系及联合筹办建筑设计研究院的协议书》。南京工学院同意借调郭湖生教授来校任系主任,卢志昌副教授任副系主任,借期三年。

　　1986 年 5 月 29 日,学校给国家教委高教一司呈报《关于申请设置建筑学专业的报告》,指出:"为了发挥多学科综合大学的优势,为国家建设培养急需的专业人才,促进我校办成开放型大学,拟在我校技术科学学院设立建筑学专业。"报告认为,当时国家建设急需大量建筑人才,城乡建设系统中人才青黄不接问题比较严重,"最匮乏的是建筑、室内设计、技术经济、自动化及电脑辅助设计方面的人才"。福建是中央实行特殊政策的省份之一,省内有厦门经济特区、福州沿海开放城市和闽南三角经济开放区,省内只有华侨大学不久前从土木系分出建筑系,而且只向海外招生,难以满足国内特别是福建省建设的需要,厦大有责任为解决国家建筑人才匮乏的困难做出贡献。"厦大如能设立建筑学专业,对于扩大对外招生,开展学术交流和增强在国外的竞争能力是很有利的。除此之外,建筑系还可以承担海外有影响的工程设计任务,扩大学校在海外的影响,有利于高等教育的对外开放。"报告从筹备工作、师资队伍、办学条件等方面陈述了新办建筑学专业的条件已经成熟,当时申报的建筑学学制为 4 年,目标是"培养建筑设计和城市建筑群体规划设计的高级技术人才。毕业生可从事建筑设计、城市规划设计和研究工作,以及建筑保护工作"。提出厦大建筑学专业近期本科生规模为 120～150 名,远期可发展到 400 名。计划从 1987 年开始招收本科生,每年招收 30 名。

　　早在 1958 年,厦门大学物理系即正式成立了"无线电物理专业",1959 年,又计划建立以"半导体与无线电电子学"为特色的技术物理研究所。该专业也为福州大学的建立提供了支持,如 1960 年将厦门大学电子管厂迁往福州,以支持福州大学无线电系的发展。1977 年,厦门大学向教育部提出申请,计划新设无线电电子学研究室。1985 年 4 月,教育部正式批准厦门大学设立无线电电子学专业。根据学校办公会议的安排,为了加强领导、利于学科发展,决定成立电子工程系。1985 年 12 月 30 日,技术科学学院电子工程系正式成立,许克平任副系主任并主持工作,同时建立中共厦门大学电子工程系支部,许宝瑞任书记。

而计算机科学系方面,1986 年,根据系内专业结构的变化和科学技术发展的大趋势以及便于对外学术交流和工作联系,经学校领导 11 月 15 日研究审批,同意将"计算机科学系"改名为"计算机与系统科学系",辜建德任代理系主任,12 月 20 日,该系公章也正式启用。1987 年,建立中共厦门大学计算机与系统科学系总支部,蔡维璇任书记,蔡建立任副书记。在计算机科学系更名为计算机与系统科学系的同时,1986 年 12 月 1 日,经计算机与系统科学系提出请示报告,学校研究同意该系作为福建省系统工程学会的挂靠单位。

早在 1985 年 7 月,根据上级关于调整、改造老专业的办学方向的要求,厦门大学向国家教育委员会提交报告,计划将计算机科学系的控制理论专业更名为系统与控制专业,试图通过这样的调整,使专业符合社会发展的需要和学科发展的新特点,进一步扩大发展该专业。系统与控制专业人员主要从事控制系统的建模与控制,而系统工程专业人员主要从事系统的管理,尽管两者同属于系统科学的范畴,但专业方向差别极大。根据计划,在保持原有控制理论专业的基础和特色的同时,将更加强调用系统科学和控制论的方法处理问题以及使用计算机直接为经济建设服务作为未来的教学科研方向,而这明显已超出原来"控制理论"的范畴。1987 年,经过调整,控制理论专业正式更名为控制科学专业。

1990 年 8 月 27 日,技术科学学院向学校提出将"技术科学学院"更名为"工程技术学院"或"工学院"的建议。学院认为,一是自 1985 年技术科学学院成立以来的实践表明,"技术科学学院"之名在校内外都较难为人们所理解和接受,引起不少误解,影响横向联系和扩大影响。二是中国高等教育日益强调应用型人才的培养,更改为"工程技术学院"或"工学院"有利于各专业明确以培养适应当时发展需要的工程技术应用人才为重点的办学方向。三是因为教委对理工科的教学业务领导是分开的,并有明显差别:对工科专业,教委主要管理基础课及原有的技术基础课,拥有决定专业建设人才培养规格、教材编审等大权的教学业务指导机构——专业教学指导委员会,以及专业课、新设的技术基础课等均委托有关部门、有关部委负责组织和领导,所以更名有利于理顺教学业务领导关系,疏通教学信息交流渠道。当时,技术科学学院有关专业处于管理科的不管、管工科的不理的地位,更名后有利于与有关部委建立正常的指导和联系关系。当从前技术科学学院专业来看,其除了接受教委的领导,还应当接受机械电子部(科仪、无线电技术)、建设部(建筑学专业)的领导。四是更名有利于在省市内外改变对厦大形象的误解,有利于横向联系。

学院的更名建议得到了学校的支持,1990 年 9 月 18 日,厦门大学发布通知,"技术科学学院"更名为"工程技术学院",包括计算机科学系、科学仪器工程系、电子工程系和建筑系。

二、成立新技术开发研究所

在厦门大学技术科学学院获得国家教育委员会批准并正式成立的同时,为了尽快形成计划中的教育和科研两个中心,为适应厦门经济特区和福建省对外开放的需要,促进经济和科学技术的发展,1985 年 11 月 18 日,厦门大学向福建省和厦门市提出建议,希望省、市与厦门大学共同成立"新技术开发研究所"。

新技术开发研究所的目的在于,充分发挥厦大技术科学学院多学科、专业的优势,集中一部分高、中级科研人员,针对我省开放城市和特区的需要,开展新技术的开发、研究和科学技术的咨询决策以及重大项目的综合研制任务,在三五年内,配合有关企业、工厂,重点对计算机应用、电子工程和科学仪器工程等方面的项目进行消化、吸收和创新工作,力求在形成综合配套能力、提高国产化水平和出口创汇能力方面做出成效,今后还将逐步扩大,包括对生物工程、新材料研制方面的任务。

在办所的指导思想和步骤方面,学校认为,厦大学科门类比较齐全,具有基础研究、应用研究和发展研究能力;配备有 20 世纪 80 年代初期先进设备的测试中心、计算中心、电教中心,以及一批设备较好的实验室;建立技术科学学院后,又为理工结合打开一条新路。特别是学校地处厦门经济特区,对外开放和实行自由港的某些政策为大批新技术的引进、开发、扩大、创新和现代科技信息的传播开辟了广阔的前景。建立"新技术开发研究所"就是要充分发挥这些有利条件,牢固树立为厦门经济特区和我省对外开放政策服务的思想,紧密结合实际开展科研工作。办所的步骤、方法应实行省、市、学校三方合作,由小到大,开始时先固定一部分人员、基地,按课题组合,发展与工厂、企业的横向联系,以后逐步转成实体,办成技术型、开发型、推广型的综合科研基地。

同时,学校也提出,"新技术开发研究所"的开办还面临一些急需解决的问题,如办所的关键是集中一批高水平的技术力量。厦大技术科学学院筹备建立后,国内有几十位高、中级科研人员要求来院工作,这些人多为福建籍,满怀热情要为家乡建设做出贡献。他们之中有一批多次获得中央、省市级科研成果奖励和出版论著的高级工程师、副教授以上和出国获得博士学位的人员,这些难得的人才因学校编制有限,在目前的框架内无法解决,由省、市委托厦大技术科学学院建立"新技术开发研究所"后,可以选调一部分高、中级科研人员,集中优势,能较快地发挥作用。由此,厦大建议省、市各拨给 20 人的编制,按年度拨给事业经费。研究所设在厦大技术科学学院,由省、市和学校共同领导、接受任务、汇报工作等。所拨编制主要解决科研人员,其他行政工作由学校各职能部门承担。

厦门大学的报告得到省、市各方的积极回应。1986 年 3 月 3 日,省、市领导到厦门大学座谈,征求学校对省批复新技术开发研究所成立有关问题的意见,各方讨论后确定了以下几点:一是同意省、市各给 10 个编制的方案,该所实行一套人马两个牌子,即"厦门经济特区新技术开发研究所"和"厦门大学新技术开发研究所",由厦门市接受省的委托,与厦门大学共同领导管理,日常工作以厦门大学为主负责。二是新技术开发研究所应积极贯彻改革精神,逐步办成科研型经济实体,建议 5 年之后做好全部经费独立、自行解决。理由是建所的基建、设备、开办等费用需要分批落实,调进人员的步子不可能太快,一些经费来源拟靠贷款或承担科研项目创造收入解决,5 年后,机构、编制仍然由省、市保留,全部经费自给。由于当时厦门大学用房仍然十分紧张,新技术研究所在编制下达后,人员只能制订计划陆续调进,由厦大分期分批解决住房问题等。三是为便于开展工作,新技术开发研究所成立领导小组,由厦门大学副校长辜联昆担任组长,厦门市副市长毛涤生和厦门大学技术科学学院院长吴存亚任副组长,厦门市科委、经贸委及厦大有关部门派人参加。

1986 年 4 月 23 日,福建省人民政府批准建立厦门经济特区、厦门大学新技术开发研究所。批复文件中除确认了 3 月座谈会意见中的管理体制、发展规划、人员编制、基础设施等相关内容外,还指出,应积极争取国家教委对新技术开发研究所的支持;研究所所需基建、设备、开办费等经费均由厦门市和厦门大学负责;人员配备应严格把关,以引进专业对口的确有真才实学的高级专业人员作为重点,确保研究所具有较强的技术开发能力。

1986 年 7 月 26 日,福建省编制委员会向省高等教育厅批复称,根据省政府的安排,厦门大学新技术开发研究所(即"厦门经济特区新技术开发研究所")的人员编制,由省核定事业编制 10 名,自 1986 年 8 月起执行。

1986 年 10 月 27 日,厦门市人民政府和厦门大学联合发布《关于成立厦门经济特区、厦门大学新技术开发研究所的通知》。通知指出,为适应厦门经济特区和福建省对外开放的需要,促进经济和科学技术的发展,参照福建省人民政府相关文件精神,经厦门市人民政府与厦门大学共同商定,正式建立厦门经济特区、厦门大学新技术开发研究所。通知进一步明确了此前省政府批复中的各项内容,包括:(1)省和厦门市一次性各批给新技术开发研究所事业编制 10 名,由厦门大学管理,实行一套人马、使用两个牌子;(2)新技术开发研究所以新技术开发为主,逐步办成科研型经济实体,研究方向侧重于厦门经济特区和全省技术开发课题;(3)新技术开发研究所对一切对外业务均需收取费用,实行有偿服务;(4)省市拨给编制的这部分经费由省列高教事业经费开支,厦门市从市事业费开支;(5)研究所所需基建、设备、开办费等均由厦门大学筹备,省市有关单位给予积极支持。同月 29 日,经厦门市人民政府和厦门大学批准,《厦门经济特区、厦门大学新技术开发研究所暂行条例》印发执行,使得研究所相关管理决策有据可依。

林锡来、张阿卜在厦门玻璃厂现场为厦门市科委领导介绍"玻璃窑炉微机控制系统"(该系统获厦门市 1990 年科技进步二等奖)

根据 1986 年福建省人民政府对新技术开发研究所的批复,研究所成立 5 年后,机构、编制仍然由省、市保留,但全部经费需要实现自给。1990 年 9 月 1 日,厦门大学向厦门市政府提交了《关于厦门经济特区新技术开发研究所推迟自立时间的请示报告》,学校表示,尽管在省市领导和有关部门的关心和支持下,在研究所人员的共同努力下,新技术开发研究所取得了初步成果;但是,种种原因,从 1991 年开始达到经费自主,尚有一定困难,为此,厦门大学要求市政府推迟研究所自立时间,逐步减少事业费拨款,直到完全自立。1990 年 10 月 5 日,厦门市政府批复称,新技术开发研究所成立 4 年来,未能研制开发出可形成批量产品的高新技术成果,尚不具备经费自立的必要基础,为了照顾科技人员的实际困难,充分调动他们的积极性、创造性,逐步增强自我发展能力,市政府同意适当延长研究所原属厦门市拨给的 10 名人员编制科研事业费的拨款期限,即 1991 年 7 月至 1992 年 6 月,仍由厦门市拨给科研事业费 50%,1992 年 7 月至 1993 年 6 月拨给科研事业费 25%,1993 年 7 月开始完全停拨科研事业费。

因新技术开发研究所中另外 10 个编制是由福建省政府拨给的,故在 1990 年 11 月 20 日,厦门大学又向福建省人民政府提交了《关于厦门大学新技术开发研究所推迟自立时间的请求报告》,建议从 1991 年 7 月份起,将经费自立时间往后推迟 5 年。与此同时,厦门大学还向福建省政府提交了报告,指出 1986 年省政府的批复中对该所的性质,特别是离退休人员的离退休金等问题没有明确规定,使该所人员有后顾之忧,并影响适合调入该所工作的人员的决心,使该所事业发展受到影响。故厦门大学提出,请省政府有关部门明确厦门大学新技术开发研究所为技术开发型科研单位,享受国家有关技术开发型研究所的待遇,包括完全停拨科研事业费的单位,离退休金仍应当照拨;事业费全部或部分自立的单位要拨给相应的专门奖励,如全部自立应拨给 2.5 个月基本工资的专门奖励;新技术开发研究所经费自立后,要求保留属于福建省 10 个空编名额,即退休一个,准许补充一个,补充人员的工资由研究所自给,但未来的退休金由福建省事业费开支。

2001 年 6 月 6 日,朱崇实副校长和孙世刚副校长在校办中厅主持召开了研究抗癌中心、专利代理事务所、新技术开发研究所等单位改制工作的专题会议,其中关于新技术开发研究所的改制问题,计划改制后的新技术开发研究所仍以原名登记注册为独立企业法人,其资产归属厦门大学,是学校的全资科技型企业并进入厦门大学科技园校内孵化中心,其业务工作接受计算机与信息工程学院的指导。要求新技术开发研究所主动会同学校产学研领导小组办公室等部门办理有关转制手续,并制订改制后新技术研究所的发展规划、运作模式、利益分配等方案,甚至可以根据研究所发展情况,吸纳校外资本进一步改造成股份制企业。

2003年5月26日,厦门大学复函厦门市科技局,同意将厦门经济特区(厦门大学)新技术开发研究所的所有资产划转到厦门大学并进行改制。划转过程将按照国家和厦门市有关国有资产转移的法定程序进行,而厦门大学资产经营有限责任公司作为教育部批准成立、负责厦门大学经营性资产管理和经营的机构,将代表学校接受、管理和经营新技术研究所划转的资产,并依法配合办理资产划转手续。待该所资产按照法定程序划转完毕后,厦门大学资产经营有限公司即按照厦门市政府《关于市属科研机构体制改革工作的通知》(厦府〔2000〕综120号)文件精神对该所进行改制。

三、科研发展与社会服务

从1982年计算机科学系成立到1985年技术科学学院成立,厦门大学的计算机及相关学科的科研获得较快发展,科研设施也不断增添和完善。在技术科学学院成立时,无线电专业已有教授2人,讲师23人(待批副教授1人),工程师2人,助教3人,设有微波与波谱、电子线路和无线电3个实验室,面积约占700平方米;科学仪器工程系拥有教授2人,讲师7人(其中待批副教授1人),助教11人,该系有100万元的设备,包括各种近代分析仪器(有8台大型仪器),各类机床7台,6台微型机和一定数量的无线电及电工电机器材,设科研、电工和微机应用3个实验室,面积2000平方米;计算机系(包括软件、系统工程、控制理论3个专业)拥有教授1人,副教授2人(其中待批教授1人),讲师29人(其中待批副教授10人),助教17人,教辅3人,助理工程师1人,并设有计算机控制系统、微机应用开发和系统仿真3个实验室,约占700平方米,有微型机32台,约31万元的设备;而计算中心拥有300万元的设备,其中包括当时即将进口的M340S带30个终端的大型计算机一台和63台各种型号的微型机(20世纪70年代,国内各高校由于教学科研的需要纷纷建立计算中心,厦大计算中心的建立随之提上日程,厦门大学计算中心最初由计算机科学系承办,随着计算机系算法语言教研室的微机室并入计算中心,中心开始与计算机科学系脱钩独立,计算中心主任为陈明堂,副主任为林清溪)。

到 1986 年 6 月,新成立的电子工程系的实验室调整为 2 个,面积增至 810 平方米,且计划在 1990 年之前达到 7 个,面积 2410 平方米,专职教师人数也计划由 5 人增至 15 人,兼职教师人数由 23 人减至 0 人,工程师、技师、助理工程师、技术员合计由 5 人增至 7 人,工人由 2 人增至 3 人,干部由 3 人减至 1 人;科学仪器系的实验室为 3 个,面积调整为 1457 平方米,计划在 1990 年之前达到 4 个,面积 3457 平方米,专职教师人数也将增至 11 人,兼职教师人数由 20 人减至 0 人,工程师、技师、助理工程师、技术员合计由 4 人增至 5 人,工人由 3 人减至 1 人,干部由 0 人增至 1 人;计算机科学系实验室调整为 4 个,面积 715 平方米,计划在 1990 年之前达到 7 个,面积 1915 平方米,专职教师也将由 8 人大幅增至 43 人,兼职教师由 3 人减至 0 人,工程师、技师、助理工程师、技术员合计由 12 人增至 24 人,工人由 7 人增至 12 人,干部则由 3 人减至 1 人;此外,计算中心的实验室为 1 个,面积 800 平方米,计划在 1990 年之前个数维持不变但面积扩展至 800 平方米以上,专职教师将由 5 人减至 1 人,与此同时,工程师、技师、助理工程师、技术员合计由 17 人大幅增至 36 人,工人由 1 人增至 12 人,干部则由 1 人增至 3 人。

科研设施的完善和科研人员数量的增长,给计算机科学系及相关系创造了良好的科研环境,科研产出更为丰富,与此同时,也给学系参与更多社会服务提供了可能。

早在 1984 年 7 月,为贯彻中央关于经济建设要依靠科学技术、科学技术要面向经济建设的方针,把厦门经济特区办得更快、更好,厦门市和厦门大学经过多次磋商,均认为厦门大学应发挥教育和科研两个中心的作用,共同把厦门经济特区建设好。为此,双方制定了《厦门市与厦门大学建立全面的科技经济协作关系议定书》,其中划定了各方面的协作内容,其中就有培训和输送计算机等相关专业人才、数据计算与处理以及计算机软件包的研制等计划。与此同时,为了更好地进行四个现代化建设,为厦门特区发展服务,厦门大学向福建省高教厅提出申请,希望在确保完成国家下达的教学、科研任务的前提下,通过建立"厦门大学科学技术开发公司",更好地挖掘潜力,组织广大师生员工对外开展国家计划外的人才培训、科技服务、技术开发和各种咨询服务活动。1984 年 8 月 22 日,厦门市政府复函称,同意厦门大学设立"厦门大学科学技术开发公司",并通过相关优惠政策给予支持。

1988 年,厦门港在物品管理方面引进和应用当时先进的计算机技术,也是得益于厦门大学计算机学科的支持。当时,东渡装卸公司是厦门港最大的生产企业,公司的设施设备品种繁多、规格多样,所需的部件、零件、工属具量大面广,这给采购、存储和使用带来了困难。东渡装卸公司引进微机系统后,通过与厦门大学合作,开发出港口物资管理技术软件,应用 ABC 管理方法和设备管理方法,对公司的生产工具、零部件进行科学的分类,划分为主要与一般,采用了最优秀的库存管理方法,使采购批量、时间间隔达到最科学、费用最低。

厦门大学计算机学科在普通学历教育之外,一直十分重视继续教育工作,以此让学校的教师及其专业知识帮助成人自我提升,更好地为社会服务。其实,早在 1970 年,厦门大学数学系开设计算技术与自动控制专业、应用数学专业的同时,也积极开设非学历教育的短训班,包括 1970 年 3 月至 8 月在厦门造船厂开设船体放样班,在厦门轴承厂开设为期两个月的射流技术班等。

随着高等教育自学考试这种继续教育形式的兴起,厦门大学计算机学科也积极尝试开设相关专业课程。20 世纪 80 年代,在省市政府大力推广计算机和厦门大学等高校计算机人才培养等各方努力下,福建省的计算机应用工作有了可喜的发展,越来越多的人认识到作为新技术革命主要标志的计算机的普及和应用具有十分重要的战略意义。抓住这样的机遇,推广和应用电子计算机,将为国民经济的发展提供高效率的科学管理工具和先进的技术手段,将创造极大的经济效益和社会效益。

在此背景下,从 1984 年开始,厦门大学计算机科学系就通过举办微电脑培训班,为福建省和厦门市培养了部分专业人才。1985 年 2 月,厦门大学计算机科学系向学校提出了《关于申请微电脑自学考试开考的报告》。报告中指出,随着福建省国民经济的发展,特别是厦门特区、福州经济开发区和闽南金三角地区的开发和经济起飞,需要大力抓住电子计算机的普及和推广应用工作。当时,已有相当多的单位购置了微型计算机(微电脑),许多单位特别是已经在进行技术改造的单位,许多生产设备的更新换代都是以机械设备与微电子技术密切结合为基本特征,越来越多的企业发展离不开电子计算机。但是,在人才培养方面,还大量缺少能够熟悉和使用电子计算机的人才,光靠大学本科的培养已经远远不能满足社会的需要了,而长期脱离生产的培训班也已不能适应社会的要求。故厦门大学计算机科学系提出,可以通过微电脑自学考试的模式,为大量自学微电脑的青年人提供一个自学成才的机会,为"四化"建设、福建省和特区建设培养更多计算机科学人才。

根据计划,微电脑自学考试的科目包括"高等数学""电子计算机线路基础""微型机及其应用""算法语言(BASIC语言、Fortran语言)""数学逻辑""数据结构""离散数学""数值计算""程序设计""软件基础"10门。参加微电脑自学考试者可以是高中毕业或中专毕业的工人或工程技术人员,经自学考试成绩合格后,可以具有相当于大专毕业的文化程度,能够从事有关微电脑的应用和开发工作。从厦门大学自身实力而言,当时计算机科学系开设有计算机软件、控制理论和系统工程3个专业,学系有教授1人、副教授2人、讲师34人以及数十名助教,能够承担组织微电脑自学考试的各项教学、辅导和考试工作。

计算机科学系关于微电脑自学考试开考的报告得到了学校的支持,厦门市政府也对厦大申请微电脑自学考试表示支持,认为厦门今后需要大量微机应用人才,确实有必要打开培养这类人才的渠道。随后,该项报告被上报至福建省高等教育自学考试委员会进行讨论和评估。

福建省在高等教育自学考试系统中开设的计算机应用专业,最终计划是由厦门大学与福州大学联合开考。1985年9月,两校上报的开考计划中,计算机应用专业是以"微型计算机应用"的专业名称上报的。随后,经过讨论认为微型计算机面太窄,因而改为"计算机应用"专业。到1986年5月24日,为了适应社会需求和考生未来专业归口,同时也为了适应修订后的开考计划中的专业设置内容,经两校再次讨论认为,专业名称定为"计算机及应用"专业,与国家教委颁布的专业名称统一较为适宜。故两校向福建省高等教育自学考试指导委员会提交报告,并将转报全国高等教育自学考试指导委员会备案。

此后,厦门大学计算机与系统科学系进行了多年的自考辅导班招生和培训,取得良好效果。1986年,学系即接受厦门市计委委托招收了3个班;1987年9月,受厦门市计委、教委委托招收了2个班,并于1990年完成学习,86位学员获得结业凭证;1988年9月,受厦门市计委、教委委托,招收1个培训班,按计划进行教学,并于1991年10月完成学习,根据62位学员的课程学习进度,于

1990 年和 1991 年分两次获得相关课程结业凭证；1989 年 9 月，厦门大学计算机与系统科学系还在全省范围内招收 24 名学员，也都按照计划或调整后的计划安排教学并发给结业凭证。

随着改革开放对现代化管理要求的进一步提高，福建又是实行特殊政策的沿海开放地区，计算机应用于会计系统是必然的。对企事业单位来说，计算机会计是必不可少的，目前现状是广大财会人员不懂计算机，这对计算机应用于财会管理造成极大的不利，使进一步提高企事业现代会计管理水平的工作遇到极大困难，因此急需既懂计算机应用知识，又懂财会知识的专门人才。根据厦门大学计算机与系统科学系承担福建省专门人才预测工作所获得的统计数据显示，仅福建省 1986 年至 1990 年财会专门人才就需要补充 28813 人，其中大专人才9980 人，大学本科 2808 人；1991 年至 2000 年，财会专门人才的需求量13876 人，其中大专人才 4441 人，大学本科 1351 人。计算机应用 1986 年至1990 年专门人才需要补充 2696 人，其中大专 1032 人，大学本科 983 人；1991年至 2000 年计算机应用专门人才的需求总量是 1777 人，其中大专 637 人，本科810 人。另外，据 1985 年福建省工业普查数据，全省拥有 15481 位财会专门人才，这些人的计算机会计知识亟待补上。由此可见，为提高计算机在会计方面的应用，必须培养具有计算机会计专门知识的大量人才和对原有大量会计人员进行计算机会计专门知识的培训。

从厦门大学计算机与系统科学系自身拥有的基础和优势来看，在本科生培养方面，学系设有与计算机应用相关的计算机软件、系统工程、控制科学 3 个专业，1989 年在计算机软件专业中已招收计算机应用方向的本科生。此外，从1986 年开始，厦门大学计算机与系统科学系应厦门市政府培养人才的要求，开设有计算机应用高等教育自学考试专修班（大专层次）。当时专修班在校学生已有 400 人，通过几年教学实践，已积累了从事计算机应用专业的教学经验。另外，厦门大学计算机与系统科学系已连续多年对计算机会计及计算机企事业管理方面开展研究，取得较多的成果，个别软件还获得厦门市科技进步奖、省优秀软件奖、省科技进步三等奖，同时厦门大学计算机与系统科学系拥有许多既懂计算机应用又懂企业事业管理和财会管理的教师，且有几位教师本身当过会计，后来又从事计算机应用研究。因此，从师资力量、设备、人力等方面，厦门大学计算机与系统科学系均具备创办计算机应用（计算机会计）专业的能力。

　　因此,作为继续教育的另一种重要形式,函授也被厦门大学计算机学科纳入计划当中。1989 年 10 月 16 日,厦门大学向国家教委成人教育司提交了"计算机应用(计算机会计)"专业专科函授申报表及备案表。根据计划,其主要教师包括蔡维璇教授、杨玉钦副教授、翁文辉副教授、施鼎汉副教授、骆振华副教授、李茂青讲师、刘振宇讲师、张阿卜讲师、黄国石讲师、陈海山讲师、吴锦林讲师、陈育哲副教授、黄国柱讲师等,分别来自系统工程、控制科学、计算机应用、计算机软件、经济学等不同专业。在开设课程方面,函授的课程包括"政治经济学""哲学"2 门公共课,"经济数学""COBOL 语言""计算机基础"3 门基础课,还有"会计管理""数据库系统""财务管理分析""计算机数据处理""现代化管理方法""计算机与会计"6 门专业基础课以及其他专业方向选修课等。与此形成对比的是,计算机与系统科学系的全日制学生课程包括"政治经济学""哲学"2 门公共课,"高等数学""PASCAL 语言""计算机导论"3 门基础课,此外是"数据结构""计算机组成原理""数字讯号处理""现代化管理""微机与接口""数字逻辑""电子线路""自控原理""计算机系统结构""离散数学""汇编语言""操作系统""工程数学""经济控制论""管理信息系统""信息工程学"16 门专业基础课及选修课。这也使得函授学员与全日制学生在课时安排和学分分布上都有明显不同,反映出两者培养目标上的区别。

第三阶段　发展期:共建工学院到成立新学院(1990—2004)

一、相关专业的设置和学院的成立

　　1990 年 8 月 24 日,校办公会议专门对计算机专业发展的有关问题展开讨论。会议听取了技术科学学院汇报有关办学中遇到的问题后认为,计算机与系统科学系各专业之间的发展存在不平衡现象,尤其是计算机软件专业的发展存在较多问题,应给予适当的扶持。经研究决定,计算机与系统科学系从 1991 年开始,在经费、编制、职称等三方面,其指标按两部分分别下达,即计算机软件专业一部分,系统工程专业和控制工程专业一部分。在此背景下,为了各专业更好地发展,1991 年 12 月"计算机与系统科学系"被撤销,设立"厦门大学计算机科学系""厦门大学系统科学系"2个系。1991年12月,恢复中共厦门大学计算机科学系总支部,杨敬达任书记,陈道乾任副书记;1991年12月,成立中共厦门大学系统科学系总支部,连瑞兴任书记,林金春任副书记。1990年9月,中共厦门大学电子工程系支部改为中共厦门大学电子工程系总支部,许宝瑞任书记。

早期,计算机与系统科学系的建立和发展已形成一支知识结构优良、学历和年龄结构合理、教研并重的师资队伍,为系统科学系的建立和发展奠定了基础、建立了框架。新成立的系统科学系设有系统工程、控制科学两个本科专业和系统工程、运筹学与控制论两个硕士学位授权点。1992年,能源部教育司与厦门大学签订了《关于厦门大学为能源部培养系统工程专业人才的协议书》,并先后提供30万元用于改善办学条件。1993年,中国空间技术研究院(简称"五院")重新与厦门大学签订合作协议,在5个方面开展合作:互聘兼职教授、在系统科学系设CAST奖、本科生到五院毕业实习、参加五院的预演课题研究、向五院保送研究生。陈亚陵、曾昭磐、李茂青等教授先后被聘为中国空间技术研究院兼职研究员。1993年1月,控制科学专业获准改为自动控制专业。1994年1月,运筹学与控制论专业获准改为自动控制理论及应用专业。1994年,中国控制与决策学术年会举办。

1994年,国家教委和厦门市政府决定共建厦门大学工学院,这是一件大事。在校长林祖赓的指示下,工程技术学院院长许克平和厦门市政府有关方面探讨合作的可能性和双方的需求,经过与厦门市主管文教的副市长王榕等进行多次商谈,拟定了厦门大学与厦门市政府共建厦门大学工学院的协议初稿。随后,林祖赓携协议赴京,向国家教委汇报,国家教委决定将协议改为《国家教育委员会与厦门市政府共建厦门大学工学院协议》。这一修改的意义在于,该协议成了国家部委和地方政府的合作项目,具有全国示范、推广的意义。国家教委高度评价厦门市政府合作共建厦门大学工学院的项目,被认为是全国首创,拓宽高校办学的资金渠道,形成全国上下共同办学的新格局。后来,国家教委在多个场合介绍该合作协议,号召学习厦门市政府和厦门大学合作办工学院的举动。此外,在协议商谈过程中,厦门市政府还提出,全国很多中学名校背后都有一所著名大学的支持,因此希望能和厦大合作创办一所优质中学,由厦大选派校长,支援必要的师资。这就是厦门科技中学的由来。

1994年4月3日,经学校研究决定,"厦门大学工程技术学院"更名为"厦门大学工学院";1994 年 5 月 17 日,国家教委与厦门市政府签订共建协议,以原厦门大学工程技术学院为基础,共同建设厦门大学工学院。在该院的教师配备上,厦门市编制委员会同意按照国家教委相关文件中师生比 1：7.5 的编制标准,以增加 550 名本科生计算,核定厦门大学工学院教师编制为 73 人,在未来将按该院每年的实际招生计划逐年配备。

　　随着教育管理体制改革的逐步深入,随着专业设置的变化,为适应我国跨世纪与 21 世纪对人才的新需求,1996 年 10 月将系统科学系改名为自动化系,不仅更加贴切地体现学科内涵,也更加体现工科性质。1999 年,按照原国家教委的要求,进行专业合并调整,厦门大学自动化系将原有的两个本科专业即自动控制专业和系统工程专业合并成自动化专业。

　　工学院之下还成立了飞机维修工程专科。1993 年,厦门太古飞机工程有限公司成立。为填补厦门航空工业人才空白,服务地方经济建设,1994 年三四月间,应厦门市政府的要求,厦门大学工学院着手创办飞机维修专科班。学院院长许克平指定黄长艺副院长具体实施。在和太古飞机工程公司相关人员商讨之后,根据他们的要求和厦门大学当时的办学条件以及我国高等工科学校办学的经验,决定创办三年制的专修科。设立的当年秋季即招收第一届学生,但由于申报较晚,教育部批复也迟,招生对象为当年高考落榜生,只得从当年高考的落榜生中择优录取。

1994 年,黄长艺和邵福庆访问太古公司培训中心

　　随后学院人员分头准备制订教学计划、教学大纲和招生工作。由校长林祖赓带队,前往香港太古飞机工程公司和相关大学考察。通过现场考察和与有关人士讨论,获得飞机维修技术初步知识,其中包括现场的操作规程、某些大学为太古飞机工程公司举办的培训班的教学大纲和教学资料。与制订详细的教学计划和教学大纲同步,学院邀请退休老教师(英语、物理、数学)重返讲台,借用相关院系的个别教师,做好第一学期开课准备。在学校、市政府的领导支持下,在校内外紧急调动和招聘师资,很快形成一支有航空专业知识的教师队伍,保证了教学的需要。为了加强这支队伍的专业知识,学院还分批派遣这些教师到香港太古飞机工程公司实习。为了提高教学计划的合理性,学院派出考察小组到国内多个飞机维修基地和相关学校考察。与此同时,太古飞机工程公司无偿赠送厦门大学一台波音客机的机头。在当时,运输这种高、重物件十分困难,工学院领导和相关部门多次商量后确定了从白城上岸的运输路线。同时解决了机头上岸、道路禁行、公交车绕道校内的运输方案可能遇到的困难,顺利地完成任务。由此,飞机维修班的师生有了一个方便实地观察和学习飞机内部构造的场所。

1995 年,周丽芳、黄长艺、郑冬斯、许克平拜访民航总局局长陈光毅(中)

　　1994 年,首届飞机维修工程专业共招收学生 36 人,有 33 位学生毕业后进入厦门太古飞机工程有限公司工作。1996 年下半年起,因副院长黄长艺教授退休,飞机维修工程专业改由工学院新任院长助理许茹副教授全权负责管理,健全了飞机维修专业的行政组织机构:成立了由许茹、林麒、吴榕 3 位老师组成的专业领导小组,制订了相应的专业发展计划和专业内部规章制度,对稳定专业教学、专业的规范化管理和学科发展均起到了一定的促进作用。

1997 年 7 月 5 日,第一届飞机维修工程专业毕业生与工学院领导教师合影

1999 年,厦门大学进行了院系调整,撤销了工学院,机电工程系归属新成立的物理与机电工程学院,自动化系归属计算机与信息工程学院(2004 年更名为信息科学与技术学院)。飞机维修工程专业先于 1999 年年底并入计算机与信息工程学院的电子工程系,半年后又并入物理机电工程学院的机电工程系,成立飞机工程教研室,改为以机械大类(飞机工程方向)招收本科学生。2003 年,经教育部批准,设立飞行器动力工程专业并以此专业名称招收本科生。

1999 年 7 月,在工学院的基础上,由计算机科学系、自动化系和电子工程系组建计算机与信息工程学院,陈辉煌任院长。1999 年 7 月,成立中共厦门大学计算机与信息工程学院委员会,林金春任书记。2003 年,在电子工程系通信工程专业的基础上,成立通信工程系。2004 年 11 月,"计算机与信息工程学院"更名为"信息科学与技术学院"。学院下设 4 个系,分别为计算机科学系、自动化系、电子工程系和通信工程系。2004年11月"中共厦门大学计算机与信息工程学院委员会"更名为"中共厦门大学信息科学与技术学院委员会"。

与此同时,为了满足福建省、厦门市信息技术产业和厦门大学信息科学发展的需要,根据《国务院办公厅关于进一步完善软件产业和集成电路产业发展政策有关问题的复函》和《教育部关于试办示范性软件学院的通知》(教高〔2001〕3号)等有关文件的精神和要求,在经过一系列研究和论证之后,2001年11月16日,厦门大学向国家计委提出了试办示范性软件学院(以下简称"软件学院")的申请。

厦门大学从3个方面论证了本校试办软件学院的必要性:从福建和厦门软件产业的良好发展势头、试办示范软件学院对于加快省市信息产业发展的决定性意义角度,试办软件学院符合福建省、厦门市产业政策的要求;福建省、厦门市在大陆对台关系上具有不可替代的地位和作用,台湾地区的信息技术产业是台湾的支柱产业,是目前世界上最大的芯片生产基地,但面临着产业转移的问题,由于闽台两地地缘、文化、习俗相近,厦门大学开办示范软件学院,有利于促进祖国统一大业的早日实现和海峡两岸信息产业的互动;福建、江西两省地处我国东南部地区,厦门大学是在该地区仅有的一所国家重点大学,厦门大学试办示范软件学院完全符合国家关于软件学院选点应合理布局的原则,必将极大地促进我国东南部地区信息产业的发展。厦门大学认为,本校示范软件学院不仅符合福建省、厦门市产业政策、经济发展的客观要求和国家在软件学院选点时的布局原则,而且有利于巩固厦门大学与省市政府业已存在的共建关系,同时在对台关系上还具有其特殊的意义。

厦门大学还从多个方面论证了试办示范软件学院的可行性。

第一,厦门大学具备了培养软件人才的学科优势。厦门大学计算机与信息工程学院是由从事信息工程的相关学科、系组建而成的,是福建省、厦门市电子信息领域高级人才培养应用研究和技术开发研究的重要基地。而数学系具有悠久的办学历史和辉煌的办学成果,在近80年的办学历史中培养出了包括著名数学家陈景润院士、柯召院士、林群院士在内的诸多杰出人才。除此之外,厦门大学还可整合物理与机电工程学院、微电子、软件管理、电子商务、网络教育等相关学科和机构的力量,充分发挥综合性大学的优势。

第二,从学科点分布情况来看,计算机与信息工程学院的硕士点包括计算机应用技术、无线电物理、控制理论与控制工程、系统工程、电路与系统、通信与信息系统、信号与信息处理、模式识别与智能系统等；数学系有基础数学博士点和基础数学、概率统计、应用数学、计算数学等硕士点。

第三，在办学条件方面，计算机与信息工程学院当时有实验用房总面积7200平方米，建成了校、院、专业三级教学用实验室和一批高水平科研实验室。其中，教学用实验室包括公共电子学实验室、DSP 实验室、多媒体实验室、数据库实验室、计算机与网络通信实验室、单片机实验室、微机原理实验室、自动控制原理实验室、计算机组成原理实验室、EDA 实验室、电力拖动实验室、过程控制实验室、微波实验室等，科研实验室包括水声实验室、立体通信实验室、系统仿真实验室、UNIX 实验室、CIMS 实验室、医疗电子实验室、网络通信安全实验室、光通信实验室等。学院实验室建设严格按照教育部教学优秀评估的标准进行，学院要求每个实验室均按 3 个层次建设：（1）完成基础性实验；（2）完成综合性、系统性实验；（3）完成创新性实验。每个实验室必须做到实验时实验设备人手一套，生均面积不少于 2 平方米。同时，根据学院规模扩大的需要，每个实验室的实验设备套数达到了 60 套，且必须具备 1～2 套代表当前水平的演示性实验设备。实验设备的总体性能达到了当时国内一流水平。

第四，厦门大学还与一系列高新技术企业展开了实质性合作，包括厦门华侨电子企业有限公司、厦门厦新电子股份有限公司、厦门软件产业投资发展有限公司、厦门信达股份有限公司、福建实达电脑集团股份有限公司、华融科技集团公司、新加坡肯特岗数码研究院（Kent Ridge Digital Labs）、国际商业机器公司（IBM）、戴尔计算机公司、美国德州仪器公司（TI）、云集软件网络（中国）有限公司、厦门火凤凰电脑设计有限公司等。

厦门大学认为，本校不仅具备了试办软件学院的学科、师资、办学条件等各方面的条件，而且还具有与社会各界力量合作办学的优良传统和丰富经验，因此试办软件学院是完全可行的。

厦门大学还进一步提出了试办软件学院的办学思路和主要措施。在软件学院的管理体制上，软件学院作为学校的二级学院，接受学校的直接领导和管理。在软件学院的运行机制上，采用运作企业化（与厦门市软投公司合作办学）、办学专门化、后勤社会化的运行机制，充分利用社会资金和教育资源，尽快建设高水平、高质量的办学条件，开展切实有效的产学研合作教育。软件学院人才培养目标定位为"培养适应知识经济发展需要、基础扎实、素质全面、具有创新精神的软件与网络开发应用型高科技人才"。软件学院主要开展计算机本科和研究生的学历教育,包括高中起点的四年制本科、三年制大专升本科、二年制本科第二学士学位、高中起点的六年制硕士和本科起点的三年制硕士(含软件工程硕士MSE 和硕士学位进修)、博士、博士后流动站,同时也面向社会开展高层次的继续教育。软件学院还将建立全新的人才培养模式,培养高素质的软件人才,如使用双语教学,提高学生的国际交流和外语应用能力;动态更新教材,全部建立电子版的教材,并及时更新,与国际 IT 技术发展保持同步;借鉴"1231"教学模式,即 1 学年分成 3 学期,2 学期基于案例的教学,1 学期的企业实践,使每个学生必须有 1/3 的时间参加实践教学,在导师的指导下进行项目实践,使学生较早地进行软件开发和创新活动;放宽学习年限限制,实行完全学分制;强化实践环节,实行双导师制(学校导师与企业导师共同指导);强调个性化的教学;利用数字化教学环境,为学生利用信息技术创造条件等。同时,软件学院还将不断深化教学管理制度的改革,优化教学过程控制,建立用人单位、教师、学生共同参与的教学质量内部评估和认证机制,建立有利于加强提高教学质量的人事、劳动和分配制度。

厦门大学向国家计委提交的试办示范性软件学院申请中,还附上了《厦门市政府全力支持厦门大学试办软件学院的函》,其中充分肯定了厦门大学在设立示范性软件学院方面的必要性和可能性,并决定在建设用地、资金、政策方面全力支持厦门大学申办软件学院。在资金方面,2001 年 2 月,教育部、福建省和厦门市决定重点共建厦门大学,三方同意在 2001—2003 年内投入 6 亿元人民币扶持厦门大学发展;在建设用地方面,厦门市政府已决定将毗邻厦门软件园的黄金地段上约 4 万平方米土地(地价评估值 1.5 亿人民币)划归厦门大学作为软件学院建设用地;在政策方面,厦门市还计划在双方共建的基础上,继续加大扶持力度,在厦门大学软件学院人才引进、教师住房、产学研合作、科技成果转化等方面给予相应的配套政策扶持。

2001 年 12 月 5 日,教育部、国家发展计划委员会发布《关于批准有关高等学校试办示范性软件学院的通知》,厦门大学入选首批试办示范性软件学院高等学校名单,成为国家首批建设的 35 所示范性软件学院之一。2002 年 1 月 7 日,厦门大学向厦门市人民政府提交《关于创办厦门大学软件学院若干问题的请示》,对诸多重大问题特别是软件学院的体制问题,提出了若干基本设想。(1)厦门大学软件学院由厦门大学、厦门软件产业投资发展有限公司(以下简称"软投公司")、厦门市软件园(以下简称"软件园")三方共同投资、合作创办,其中,厦门大学以无形资产(含学校品牌、学术声誉和地位、办学经验等)、人力资源以及资金等形式投资,折合人民币 3 亿元,占 60％的股份,软投公司投入资金人民币 1 亿元,占 20％的股份,软件园以其二期建设用地 2 万平方米的土地使用权作为投资,占 20％的股份(以上投资可分期进行)。各方按其投资比例进行利益分配。(2)厦门大学软件学院为学校的二级学院,实行董事会领导下的院长负责制。董事会由厦门大学、软投公司、软件园三方组成。董事会研究、决定软件学院办学的基本问题。院长由董事会聘任,主要负责软件学院日常的教学、管理工作。软件学院的业务和教学质量由厦门大学归口管理,毕业证书和学位证书由厦门大学颁发。(3)厦门大学软件学院坚持社会主义办学方向,坚持人才培养质量第一、社会效益第一的方针,办学的主要目标是为厦门市、福建省及我国东南地区培养高素质的各类软件人才,促进厦门市、福建省及东南地区信息产业的进一步发展。在坚持社会效益第一的同时,软件学院大胆进行运作企业化、办学专业化、后勤社会化的办学模式改革,确保合作各方的投资效益,使软件学院有稳固的、能持续发展的办学资源和条件。

2002 年 2 月,教育部和原国家计委批准建设软件学院,周昌乐任院长,同年 3 月,成立中共厦门大学软件学院党总支委员会,谢银辉任副书记(主持工作)。

二、公共课改革的推进

2000 年前后,计算机与信息工程学院及计算机科学系的工作内容范围和院属机构设置都经历了一系列的调整和增加,其中计算机公共课改革和新技术研究所改制是两项重要内容。

早在 20 世纪 80 年代,厦门大学就已组织开展全校性的计算机公共课教学。当时,计算机科学系还专门成立了算法语言教研室,由郭东亮担任教研室主任,负责全校文科及经济类的计算机教学和上机实习课。1985 年,算法语言公共微机实验室还被评为全省高等学校实验室系统先进集体(后微机室并入计算中心)。随着教学的发展和技术的进步,公共课的教学和管理机制也随之调整。1999 年 6 月 22 日上午,厦门大学在校办中厅举行关于理工科计算机基础课归口由计算机系统开设的专题协调会。朱崇实副校长、潘世墨副校长和教务处、人事处、计算机系及理工科有关各系的负责人出席了会议。会议肯定了此前文科和经济管理学科的计算机基础课归并计算机系统开课所取得的成效,研究了理工科计算机基础课(一级、二级)归口计算机系统开课的可行性及需要解决的问题。

经过讨论,会议做出几项决定:一是根据学校历次会议精神,除数学、自动化系外,理工科的计算机基础课从1999年秋季开始归口计算机科学系统开课。二是关于人员的问题,由人事处、教务处进行测算,所缺编人员,计划采取多种方法解决(包括积极选留和引进毕业生;理工科院系原有开课质量较好的教师,愿意调入计算机科学系且计算机科学系同意接收的,可调入计算机科学系,其余的可从中延聘部分继续开课一年,但必须由计算机科学系聘任和管理;计算机科学系当时在职的公共课教师适当安排超工作量,人事处给予兑现工资总额包干补贴等)。三是关于计算机设备问题,计划按照适当集中、统一建设、资源共享、有效利用的原则,一方面继续投入建设,另一方面则充分利用,切实增进效益。

1999年6月30日上午,人事处、教务处和计算机科学系有关领导共同商量了理工科计算机公共课归口计算机系统问题的具体实施办法。在人员编制方面,根据测算,全校计算机公共课共需28个教学编制,除已有17人外,尚缺11人。故会议决定,在1999至2000学年,续聘海洋、电子工程、机电工程、飞机维修4个单位原任教师继续为本系开课,并由计算机科学系办理聘任手续和进行管理。其余各系由计算机科学系统筹安排,包括适当增加现有教师工作量,由人事处兑现7个编制的工资总额包干补贴等。2000至2001学年起,全校计算机基础课由计算机科学系教师承担,所缺人员适当拓宽进人口径、积极引进。

2002年12月30日,为修订新一轮的本科教学计划,厦门大学在嘉庚楼群主楼16楼2号会议室召集马列部、公共外语教学部、公共计算机教学部、体育部、中文系、生物系、物理系和数学系分管教学负责人,专题研究公共课的教学改革事宜,会议就如何进一步发挥公共课在素质教育中的作用,使教学更有针对性、增强课堂效果等方面达成一些共识。

其中,关于"大学计算机"课程改革方面,计划实行分层次、模块化教学,将课程分为"计算机基础"(第一层次)和"计算机技术基础"(第二层次)。新生入校后参加"计算机基础"免修考试,考试成绩达到80分以上者,可取得学分,并直接进入"计算机技术基础"的学习。同时,会议计划压缩"大学计算机"课程的理论课课时,保持上机时数。"计算机基础"学时从原来的 2+3(理论 2,上机 3)压缩为3(理论和上机合二为一),学分数为 2;"计算机技术基础"课时从原来的 3+2(理论 3,上机 2)压缩为 2+2,学分数为 3。此外,会议还计划增开"计算机应用基础"课程(第三层次)。

三、继续教育与社会服务

自 20 世纪 80 年代厦门经济特区成立以后,随着政府对计算机、软件的新技术相关领域的重视和厦门大学计算机学科及其社会服务的拓展,厦门的计算机事业得到了空前的繁荣。据统计,在 90 年代初期,厦门全市用于管理、生产、科研、教学的计算机系统共有 316 台(套),包括中型机、微小型机、超级微机、微型机、微机局部网络,形成了一定规模的计算机系统研究能力、技术服务体系与产业开发势头,并取得了一大批计算机推广应用成果。同时,已形成多层次、多方位的对外开放格局,海峡两岸的交流合作不断扩大,为厦门计算机事业进一步吸收利用港澳台地区和国外的资金、技术、经营管理经验提供了有利的条件。据初步统计,到 1990 年年底,全市计算机应用开发的专门人才有 1321 人,计算机管理人员 450 人,计算机操作人员和数据录用人员 1350 人,从事计算机应用开发工作人员 3121 人。

1986 年至 1990 年,厦门全市在政府机关、教学科研单位、企业、业务信息等部门的开发项目和推广应用项目有 1150 项,拥有 450 个软件包。这其中包括信息处理、软件服务、系统成套服务、数据库服务、专业服务等。已有 780 家单位在不同领域应用计算机。特别是企事业经营管理,传统产业的生产工艺和生产设备改造、产品设计和机电一体化产品的开发、生产过程的控制等方面,都取得明显的成效。在软件开发方面,每年都取得几十项科研成果,有的软件还出口创汇。

但是,从当时厦门市计算机事业发展的整体情况看,虽然有一定的基础,拥有一定的实力,但与其他同层次、同类型的城市相比,还是大大落后,跟特区经济建设很不相称,存在不少亟待解决的问题。其中人才数量不足、结构不合理等尤其突出,阻碍了计算机事业的继续快速发展。厦门大学对厦门市计算机专业人才的配置情况和需求情况做了估算,按照 1 部微机配备 1 名维护人员与开发人员,1 部超级微机配备 2 名,小型机配备 5 名,中型机配备 10 名的最低标准计算,厦门市当时需要计算机专门人才 3240 人,而当时计算机专门人才仅 1321 人,尚缺 1919 人。按照微观和宏观相结合的预测方法,厦门市 2000 年计算机技术专门人才拥有量应为 4632 人,其中软件人员 3752 人,硬件人员 880 人。需补充量为 3311 人,其中软件人员 2761 人,硬件人员 550 人。专门人才数量不足的矛盾相当尖锐。据统计,当时厦门的计算机专门人才中研究生、本科生、大专生、中专的比例为 0.2∶1∶0.6∶0.3,而软件人员、硬件人员、录入员、管理人员的比例为 3∶1∶4.1∶1.4,具有高级职称的计算机专门人才只有 48 人。这种学历层次结构和各类人员比例,不利于计算机事业的发展与提高。况且,当时厦门的计算机人才相对集中,主要集中在高等院校、科研机关和部委、省属事业单位,真正在工业生产部门的人员只有 135 人,仅占总人数的 1/10。

不仅如此,据统计,在厦门的计算机技术人员中,真正计算机专业毕业的仅占 30%,其余人员均为其他专业毕业生或招工人员。这些人虽经工作几年,已有一定编程和维护经验,但缺乏计算机方面的系统知识和理论,只有对他们进行培养提高,才能使其胜任未来的工作环境和开发要求。故厦门大学提出,为加快发展厦门计算机事业,有计划地培养一批素质好、水平较高、学历结构合理、专业门类齐全的计算机开发和应用专门人才是最关键的一步,也是当务之急。培养后备军,有计划地扩大计算机专门人才队伍,同时,加强对已有人才的培养和合理使用以充分发挥他们的积极性和创造性,这些设想已纳入厦门市经济建设发展的"八五"计划和十年规划。

厦门大学还指出,计算机技术专门人才未来除了从高校计算机专业毕业生得到补充,还应该采取多渠道培养人才。厦门大学作为厦门经济特区唯一的全国重点高校,学科齐全,计算机专业创办多年,拥有一批计算机专业的高级人才,已为国家培养出多届本科毕业生和一批专科毕业生,为厦门计算机事业做出了积极的贡献。因此,利用厦门大学的师资和设备的优势,在夜大学设置计算机应用专业大专班很有必要,也确实具有广阔的发展前景。

在此背景下,1992 年 5 月 11 日,厦门大学向国家教育委员会成人教育司提交了在厦门大学夜大学设置计算机及应用专业的请示报告。作为一所特区大学,厦大的计算机专业创办多年来已为国家培养了多届大学本科毕业生,又受厦门市委托举办计算机应用专业自学考试辅导班,通过自学考试培养了一批专科毕业生。在长期的教学和科研实践过程中,汇聚并形成一批有高级职称的计算机教师队伍,为厦门的计算机应用与开发做出了积极的贡献。所以,学校认为,以本校计算机师资和设备举办多种形式的计算机技术专修班与提高班,具有广阔的发展前景,且对厦门经济特区的建设多有裨益。报告中计划 1993 年开始在厦门大学夜大学增设计算机应用专业(代号 0910)大专班,学制为业余学习三年半。设置的课程包括"哲学""英语""高等数学""PASCAL 语言""线性代数""数字逻辑""汇编语言""计算机数值方法""FOXBASE""离散数学""数据结构""计算机组成原理""微型机及其应用""管理信息系统""操作系统""计算机接口技术""计算机图形学""科研训练"等。计算机应用专业从厦门市专业对口的在职职工中招生,第一年拟招生 30 名,此后根据社会需求逐步增加招生数,扩大招生范围,还可以举办其他类型的培训班,为厦门计算机事业做出应有的贡献。

函授课程也是继续教育的重要组成部分。早在 20 世纪 80 年代,厦门大学即已开设有计算机应用(计算机会计)专业专科函授课程,到 90 年代,计算机相关函授课程又有新的发展。根据福建省人才预测资料,到 2000 年时,"计算机应用"专科人才需求量,全福建省为 2818 人,厦门市为 1484 人;而根据计算机科学系对福建省生源情况的初步调查,有一千多人希望参加"计算机应用"专业的函授学习。与此同时,自 1986 年起,厦门大学计算机科学系与福州大学相关院系已联合在福建省开办"计算机应用专业高等教育自学考试",已编写了该专业各科的考试大纲和自学辅导教材,并积累了从事计算机应用专业的教学经验。

在此背景下,1992 年 8 月 31 日,厦门大学向国家教委成人教育司提出请示,计划开办"计算机应用专业函授专科班"。该函授班的课程包括"哲学""政治经济学"等公共课,"高等数学""计算方法""离散数学"等基础课,"PASCAL""数学逻辑""汇编语言""FOXBASE""数据结构""软件基础""微机原理""管理信息系统"等专业基础课以及其他专业选修课。其中,基础课和专业课的授课教师包括郑蕊蕊、陈鼎鼎、黄国柱、谢文山、林机、陈叔瑄、吴锦林、张少润、叶仰明、吴克西、王士铁、达力、林旆扬等,这些师资均来自厦门大学计算机系。

除了开设自考和夜校相关课程,为了适应改革开放和外向型商业经济的需要,为厦门经济特区培养更多计算机应用人才,推动计算机软件出口和计算机产业的发展,厦门大学计算机学科还积极推进中外合作办学项目的落地。1992 年

8月4日,基于本校计算机学科的教学研究优势和应用实践基础,厦门大学向厦门市人民政府提出与新加坡应用电脑专门学院联合举办自费的"国际电脑专业文凭"课程班。该班设置的课程包括"电脑学原理"(Computer Principles)、"电脑程序设计"(Computer Programming)、"商用统计学"(Related Maths & Statistics)、"电脑化会计"(Computerized Accounting)、"商业学概论"(Business Studies)、"电脑程序设计实习"(Programming Project)等。为期一年的课程结束经考试合格的学员可获得新加坡应用电脑专门学院(Regional Applied computing Centre,RACC)的"电脑专业文凭";经英国国家电脑中心(National Computer Center,NCC)国际电脑专业文凭考试合格者可获得英国国家电脑中心"国际电脑专业文凭"。

1992年7月27日,厦门大学校长林祖赓与新加坡应用电脑专门学院院长彭国祥签订合作举办"国际电脑专业文凭"课程班协议

　　根据协议,新加坡应用电脑专门学院负责按照英国国家电脑中心"国际电脑专业文凭"课程的要求,制订教学计划及教学大纲,提供英文或中文的教材、讲义,并在需要时提供教学方面的咨询。同时,颁发"电脑专业文凭",以及安排英国国家电脑中心对按规定通过"国际电脑专业文凭"考试的学员颁发"国际电脑专业文凭"。厦门大学负责将新加坡应用电脑专门学院提供的教学单元所用的

投影薄膜译成中文;对于新加坡应用电脑专门学院提供的教学计划和教学大纲,根据实际情况做出必要的修改;负责教师补充教材的印刷工作;提供授课教师,负责教学工作及教学管理;课程的宣传及推广,招生与收费;提供教学设施(包括教室、程序编写实习电脑、授课设备等)。协议还对收入及分成做出规定,基于至少 40 人、至多 100 人的招生规模,每个学员一次交纳学费 5000 元(不含 NCC 考试费),在实际学费收入扣除 10% 作为厦大设备添置费后,其余部分厦大分 60%、新加坡应用电脑专门学院分 40%。

　　该课程班偏向于普通实践性培养,招生简章规定满足 5 种条件之一的均可报名:(1)厦门市高考落第生(分数线视当年高考分数情况而定);(2)厦门市非应届高中毕业生(语文、数学、英语三科毕业考试成绩总分在 210 分以上);(3)香港中五教育文凭(Certificate of Education);(4)新加坡或文莱或马来西亚普通教育文凭(GCE/SPM);(5)具有四年以上工作经历的在职人员,可酌情适当降低要求。其中,第三、四两项的学生在语文、数学、会计、商学、经济五门中必须四门达到 E 级以上。"国际电脑专业文凭"课程班的授课地点即设在厦门大学计算机科学系,尽管该班招生要求并不高,但从课程设计和学生来源两个方面,较早开启了厦门大学计算机学科的国际化办学之路。

1992 年 10 月首届"国际电脑专业文凭"课程班开学典礼师生合影

毕业生除了可以在各种企事业单位,特别是三资企业从事电脑应用方面的工作,根据计划,这些"国际电脑专业文凭"持有者还可以升入"国际电脑专业高级文凭"课程班继续深造,通过训练成为一名合格的电脑系统分析员(system analyst),而原来具有高中毕业资格的"国际电脑专业文凭"持有者,还可以选择申请进入英国兰开夏理工学院的商业资讯工艺学、会计学、商业学等学士荣誉班的二年级就读。

1994 年 4 月 22 日,厦门市人民政府正式批准由厦门大学和新加坡电脑应用专门学院联合开办"厦门中新国际电脑学院"。该院为中外联合办学,规定院长由中方派员担任,办学资金自筹,学生实行自费走读,学制 2 年,办学规模为在校生 200 名,毕业后自谋职业等。批复文件除确认了厦门大学在办学申请中提到的招生要求、课程安排等一系列设计外,还特别说明该院学员在厦门市范围内享受大专学历待遇,招生工作纳入市招生计划,统一管理,教学、教育工作接受厦门市教委指导。1994 年 5 月 23 日,厦门大学正式发布通知,受厦门市政府委托,厦门中新国际电脑学院归厦门大学工学院主管,经校党委常委、校行政领导研究决定,林锡来担任厦门大学中新国际电脑学院院长,彭国祥为第一副院长。

第四阶段 改革期:重组信息学院(2004—2019)

厦门大学软件学院在 2002 年 2 月成立后,在学校领导高度重视和支持下,在校内各部门的密切配合下,学院的基础设施建设、人才培养、师资队伍建设和专业建设等各方面均取得一定成效。学院 2002 年 9 月即迎来首届本科生和工学硕士研究生入学,2003 年 9 月 29 日通过中期评估。

2004 年,国务院学位办批准软件学院的"软件工程"专业硕士授予权,该专业从当年开始招生。2006 年,"计算机软件与理论"二级学科又被评为福建省重点学科。

2005 年 6 月,软件学院迁入海韵园区;2006 年年初,全国软件学院年会在厦门大学举行;2006 年年初,教育部批准软件学院开设"数字媒体艺术"本科专业。

2006 年 5 月 15 日,教育部高等教育司发布通知,根据《关于开展示范性软件学院验收工作的通知》(教高司函〔2006〕27 号)的有关安排,在各软件学院自评、网上公示、自评报告评审和总结试点验收经验的基础上，决定在 2006 年 5 月、6 月分两批对 35 所示范性软件学院进行实地核查，对厦门大学的核查安排在了 6 月 13—14 日进行。也正是在这段时间内，软件园新技术研究中心正式挂牌、科研楼实验室挂牌、与厦门东南融通系统工程有限公司和厦门精图信息技术有限公司合作建设的实验室落地。经过评估，教育部专家组对软件学院的工作给予充分肯定和高度评价。

截至 2006 年 6 月，厦门大学软件学院开设有软件工程和数字媒体艺术两个本科专业（其中，数字媒体艺术专业从 2007 年开始招生），招收"计算机软件与理论"工学硕士研究生和"软件工程"领域专业硕士研究生。毕业生方面，软件学院已有毕业生 2 届 217 人，就业率达到 100％。2006 年本科、硕士毕业生 176 人，就业形势良好。随着 2006 级新生的入学，软件学院学生总数达到 1300 人左右，其中本科生 1000 人左右，硕士生 300 人左右。在师资方面，根据教育部建设示范性软件学院的精神和学校的要求，厦门大学软件学院采取校内外结合、专职兼职结合的原则进行师资队伍建设。同期，学院全职（含学员，根据工作需要聘用的院聘人员）教职工 32 人，其中教师及专业技术人员 22 人，党政、后勤工作人员 10 人，另有兼职教师 30 多人。

厦门大学软件学院早期的党组织为"中国共产党厦门大学软件学院总支部委员会"，2007 年 12 月 12 日，成立中共厦门大学软件学院委员会。

2007 年成立智能科学与技术系，归属于厦门大学信息科学与技术学院，该系印章从 2007 年 12 月 14 日启用。

早在 2006 年 6 月，为加大人才培养力度、加强专业建设与管理，在参考其他示范性软件学院做法的基础上，软件学院向学校提出新建软件工程系、数字媒体工程系和工程硕士教育中心的计划。2006 年 9 月 29 日，软件学院软件工程系和数字媒体工程系成立。

自动化系方面，2002 年，自动化系获得控制工程领域工程硕士学位授予权。2002 年，主办国际控制与自动化学术会议以及国际工程制造与管理学术会议。2003 年，获批控制理论与控制工程二级学科博士点。2004 年，成立厦门大学系统与控制研究中心。2005 年，获批系统工程二级学科博士点。2005 年，获批控制科学与工程一级学科硕士点。2005 年，控制理论与控制工程学科获得福建省重点学科。2009 年，获批厦门大学-中国空间技术研究院智能计算与智能控制联合实验室。2012 年,获批控制科学与工程博士后流动站。2012 年,控制科学与工程获批为福建省重点一级学科。2013 年,自动化本科专业入选教育部卓越工程师培养计划。2013 年,控制科学与工程学科获批福建省控制科学与工程研究生教育创新基地。厦门大学自动化系是福建省系统工程学会、厦门市系统工程学会、厦门市自动化学会的挂靠单位,有 9 位教师是这些学会和福建省自动化学会的理事长或副理事长。2015 年,自动化系并入新成立的厦门大学航空航天学院。

电子工程系方面,2003 年,获批"通信与信息系统"二级学科博士点。2007 年,获批"电路与系统"二级学科博士点。2008 年,教育部批准设立"集成电路与集成系统"本科专业。2010 年,获批"电子科学与技术"一级学科博士点。2017 年,电子工程系并入新成立的厦门大学电子科学与技术学院(国家示范性微电子学院)。

2019 年 6 月,学校对信息科学与技术学院和软件学院进行优化重组,成立信息学院,设 5 个学系(1 个中心)和 1 个研究院,包括人工智能系、计算机科学系、软件工程系(软件工程中心)、信息与通信工程系和网络空间安全系,同时设立人工智能研究院。原软件学院的数字媒体工程系并入软件工程系。信息学院同时挂牌"国家示范性软件学院"。2019 年 11 月 1 日,学校任命刘彀为学院党委书记,王程、李承华、杨蔷为党委副书记。

第二部分 党政管理

1980年，厦门大学开始筹办计算机科学系。1982年2月，正式成立厦门大学计算机科学系，李文清任首届系主任，蔡经球任系副主任。1982年2月，建立中共厦门大学计算机科学系总支部，林仲柔任书记，蔡维璇任副书记。

1983年6月，在科学仪器教研室的基础上成立科学仪器工程系，季欧任系主任。1983年11月，建立中共厦门大学科学仪器工程系支部，黄春星担任书记。

1985年10月4日，国家教育委员会批复并同意厦门大学设立技术科学学院。同月，厦门大学在计算机科学系、科学仪器工程系和无线电电子学专业的基础上正式成立技术科学学院，吴存亚任首任院长。

1985年12月30日，技术科学学院电子工程系正式成立，许克平任副系主任并主持工作，同时，建立中共厦门大学电子工程系支部，许宝瑞任书记。

1990年9月，技术科学学院改名为工程技术学院，辜联昆任院长，学院下设计算机科学系、科学仪器工程系、电子工程系和建筑系。

1994年4月3日，经学校研究决定，"厦门大学工程技术学院"更名为"厦门大学工学院"。1994年5月17日，国家教委与厦门市政府签订共建协议，以原厦门大学工程技术学院为基础，共同建设厦门大学工学院，许克平任院长。

1999年7月，在工学院的基础上，由计算机科学系、自动化系和电子工程系组建计算机与信息工程学院，陈辉煌任院长。1999年7月，成立中共厦门大学计算机与信息工程学院委员会，林金春任书记。

2002年2月，教育部和原国家计委批准建设软件学院，这是国家首批建设的35所示范性软件学院之一，周昌乐任院长。同年3月，成立中共厦门大学软件学院党总支委员会，谢银辉任副书记（主持工作）。

2019年6月，学校对信息科学与技术学院和软件学院进行优化重组，成立信息学院，下设人工智能系、计算机科学系、软件工程系（软件工程中心）、信息与通信工程系和网络空间安全系，同时设立人工智能研究院。信息学院同时挂牌"国家示范性软件学院"。2019年11月1日，学校任命刘弢为学院党委书记，王程、李承华、杨蔷为党委副书记。

历届党政领导名单

单　位	学院党政领导	
技术科学学院 1985年10月4日成立 1990年9月，改名为"工程技术学院"	院　长 吴存亚（1985—1987） 辜联昆（1987—1993.11）	副院长 金坚（1985—1987） 黄长艺（1986—1994） 许克平（1987.04—1993.11）
工学院 （1994—1999）	院　长 许克平（1993.11—1998.10）	副院长 黄长艺（1994—1996） 林锡来（1996—1999）
计算机与信息工程学院 （1999年7月成立，2004年11月更名为"厦门大学信息科学与技术学院"）	党委书记 林金春（1999.07—2001.04） 陈道乾（2001.04—2007.08） 黄鸿德（2007.08—2018.04） 刘弢（2018.04—） 党委副书记 陈道乾（1999.07—2001.04） 夏侯建兵（1999.07—2002.02） 李招淡（1999.07—2003.12） 刘元庆（2002.02—2014.10） 李芬芬（2001.12—2013.06） 李承华（2013.07—） 唐拥华（2015.07—2018.01） 杨蔷（2018.01—）	院　长 陈辉煌（1999.07—2003.12） 周昌乐（2003.12—2010.09） 李军（2011.08—2019.07） 副院长 许茹（1999.07—2003.12） 李堂秋（1999.07—2003.12） 张阿卜（1999.07—2003.12） 李茂青（1999.07—2012.12，2010—2011期间主持工作） 黄俊辉（2003.12—2007.12） 王琳（2003.12—2012.12） 彭侠夫（2003.12—2015.10） 郭东辉（2008.01—2012.12） 刘暾东（2013.01—2015.10） 董俊（2013.01—2017.10） 王程（2013.01—2019.07） 吴爱仙（2018.01—）

续表

单　位	学院党政领导	
软件学院 （2002 年 2 月，教育部和原国家计委批准建设软件学院）	党总支书记 杨敬达（2003.12 —2007.12） 党总支副书记 谢银辉（2002.03—2003.07，主持工作） 夏侯建兵（2003.09—2007.12） 党委书记 杨敬达（2007.12—2012.12） 董槐林（2012.12—2017.09） 叶世满（2018.12 — 2019.10） 党委副书记 夏侯建兵（2007.12—2013.02） 刘钟南（2008.03—2018.01） 史亮（2013.07—2019.10）	院　长 周昌乐（2002.03—2004.06） 廖明宏（2008.08—2019.07） 副院长 董槐林（2002.04—2012.12,2008.01—2012.12 期间任副院长主持工作） 曾文华（2003.05—2013.09） 姜青山（2004.06—2009.01,2004.06—2008.01 期间任副院长主持工作） 王备战（2012.12—2019.07） 林坤辉（2013.10—2019.07）
信息学院 2019 年 6 月 24 日，由信息科学与技术学院和软件学院整合组建而成	设临时党委，党委委员包括刘弢、李承华、杨蕾……	院长 舒继武（2020.09—） 副院长 王程（2019.07—，主持工作） 姚俊峰（2019.07—） 洪学敏（2019.07—） 吴爱仙（2019.07—）
计算机科学系 （1982 年成立，1986 年 11 月改名为"计算机与系统科学系"，1991 年 12 月被撤销，设立"厦门大学计算机科学系""厦门大学系统科学系"2 个系）	系主任 李文清（1982—1984） 辜建德（1986.11—1988.05，代理系主任） 蔡维璇（1988—1991） 林锡来（1991.12—1997） 李堂秋（1997.01—2004.06） 邓安生（2004—2005） 李翠华（2007.03—2013.01） 雷蕴奇（2013.02—2018.07） 王菡子（2018.08—） 系党总支书记 林仲柔（1982—1985） 林仲柔（1985.10—1986.11） 蔡维璇（1986.11—1988.05） 连瑞兴（1988.05—1992.06） 杨敬达（1991.12—1998.05）	系副主任 蔡经球（1982—1985） 蔡经球（1982—?,1984? —1986.11 期间主持工作） 黄国柱（?） 蔡建美（?） 张阿卜（1993.11—1999.07） 李堂秋（1989—1997） 卢伟（1997—1999） 李翠华（1999.10—2007.03,2005.07—2007.03 期间主持工作） 赵致琢（2004.06—2008.05） 雷蕴奇（2008.06—2013.01） 张德富（2011.02—2018.07） 鞠颖（2013.02—2018.07） 王连生（2018.08—2020.04） 刘向荣（2018.08—）

续表

单　　位	学院党政领导	
信息与通信工程系 （2003年成立通信工程系，2018年改名为信息与通信工程系）	系主任 程恩（2004.06—2013.01） 唐余亮（2013.02—2018.07） 丁兴号（2018.08—）	系副主任 肖明波（2004.06—2008.05） 石江宏（2008.06—2013.01） 唐余亮（2011.02—2013.01） 丁兴号（2013.02—2018.07） 洪学敏（2013.02—2019.07） 孙海信（2018.08—）
智能科学与技术系 （2007年成立）	系主任 李绍滋（2007.06—2008.06代理系主任） 李绍滋（2008.07—2018.07） 史晓东（2018.08—）	系副主任 陈毅东（2011.02—2018.07） 史晓东（2013.02—2018.07） 温程璐（2018.08—2020.04） 江敏（2018.08—）
网络空间安全系 （2016年成立）	系主任 肖亮（2018.08—）	系副主任 郑炜（2018.08—2020.04） 赵彩丹（2020.04—）
软件工程系	系主任 林坤辉（2013.02—2014.03） 杨律青（2020.04—）	系副主任 林坤辉（2008.06—2013.02，主持工作） 史亮（2013.02—2014.03） 杨律青（2014.03—2020.04，主持工作）
数字媒体系	系主任 姚俊峰（2013.02—2020.04）	系副主任 王备战（2008.06—2013.02，主持工作） 吴清锋（2013.02—2020.04）

续表

单 位	学院党政领导	
电子工程系 （1985 年 12 月成立，2016 年并入电子科学与技术学院）	系主任 陈彩生（1990.05—1999.07） 许 茹（1999.07—2004.05） 蔡志平（2004.05—2013.01） 张保平（2013.01—2017.10） 系党总支书记 许宝瑞（1985.12—1993.01） 吕文秋（1993.06—1999.06） 夏侯建兵（1999.07—2002.02）	系副主任 许克平（1985.12—1987.04，主持工作） 陈彩生（1987.04—1988.01，主持工作） 吕文秋（1987.03—1999.07） 庄美辉（1994.06—1999.07） 谢廷贵（1999.07—2004.05） 黄云鹰（2004.05—2008.05） 游佰强（2008.05—2013.02） 张丹（2013.02—2015.07） 黄文财（2013.02—2017.12） 李琳（2015.02—2017.12） 系党总支副书记 谢廷贵（1992.06—1999.07）
自动化系 （2015 年并入航空航天学院）	系主任 李茂青（1999.07—2008.06） 罗键（2008.06—2013.02） 吴顺祥（2013.02—2015.04）	系副主任 蔡建立（2008.06—2013.02） 王周敬 兰维瑶（2013.02—2015.04） 王颖（2013.02—2015.04）
系统科学系 （1991 年 12 月成立）	系党总支书记 连瑞兴（1992.06—1995.12）	系党总支副书记 林金春（1992.06—1999.07）
科学仪器工程系 （1983 年 6 月成立，1991 年 5 月更名为"科学仪器与精密机械系"，仍简称"科仪系"，1998 年并入机电工程系）	系主任 季欧（1983.06—1988.09） 黄长艺（1988.09—1991.02） 季欧（1991.02—?）	系副主任 曾权（1988.09—1991.02） 李静白（1991.02—?） 廖锐（1991.02—1994.05） 系党总支副书记 黄自力（1992.06—1996.07）

注：由于资料所限，部分党政领导任职时间缺失。

第三部分 ┃ 学科发展

　　厦门大学信息学科的发展可追溯至建校初期的工科,中华人民共和国成立后,相关学科逐渐萌芽。一是1955年,物理系物理学专业中设置电子物理专门化,下分无线电和电子发射两个方向;1958年,厦门大学物理系正式成立了"无线电物理专业"。二是1958年,厦门大学开始在数学系试制计算机与开展自动控制理论的教学研究;1970年,再次建立试制计算机小组与射流元件研制组,开始筹划制造计算机,并建立计算机服务站、开展计算程序研究;1971年,设立"计算技术与自动控制"专业,1972年开始招生;1976年,计算技术与自动控制专业改名为控制理论专业。这部分历史是计算机科学与技术、信息与通信工程两个学科发展的先声。

　　1982年,随着计算机科学系的建立,厦门大学正式设立计算机科学与技术专业。1994年,通信工程专业设立。2002年,伴随国家示范性高等职业院校获批和建设,厦门大学设立软件工程专业,2003年开始招生。2007年,厦门大学成立智能科学与技术系,归属于厦门大学信息科学与技术学院,与此同时,智能科学与技术专业开始招生(2019年起停止招生,以人工智能专业招生)。2013年,数字媒体技术本科专业设立,2014年开始招生,2013年以前以数字媒体艺术专业招生。2016年,网络空间安全专业招生。2019年,人工智能专业招生。

　　目前,厦门大学信息学院的学科分属于计算机科学与技术、信息与通信工程两个一级学科,与学科发展相配套的国家级、省部级平台也建立起来。

一、计算机科学与技术一级学科

1.学科发展情况

计算机科学系成立于 1982 年,先后设有计算机软件专业、控制理论专业和系统工程专业;1991 年,根据学科发展需要,分别成立了系统科学系和计算机科学系。1996 年获批计算机应用技术专业硕士学位授予权;2001 年获批试办国家示范性软件学院,成为全国 37 家办软件学院的单位之一;2003 年获批计算机软件与理论和计算机系统结构两个专业的硕士学位授予权;2006 年计算机软件与理论(二级学科)被评为福建省重点学科;2006 年获得计算机科学与技术一级学科硕士授权点,拥有"计算机技术"专业领域的工程硕士点,经国务院学位委员会第二十八次会议审议批准;2010 年计算机科学与技术专业通过了增列为博士学位授权一级学科的评审,并于 2011 年 3 月 16 日获得国务院学位办的正式批复(学位〔2011〕8 号文件),从此,厦门大学计算机科学系拥有了计算机科学与技术一级博士点,制订了一级学科博士研究生培养方案,建立了计算机科学与技术专业博士后科研流动站;2012 年 6 月组织申报了计算机科学与技术专业博士点一级学科福建省重点学科,并于 2013 年正式获批。

本学科在"立足海西、依托行业、服务社会、面向世界"的办学思想指导下,以学科建设为基础,以队伍建设为核心,以人才培养、科学研究和社会服务为宗旨,经过近 40 年的发展,形成了完整的人才培养和科研创新体系,已成为我国计算机科学领域中教学质量高、科研综合实力强、影响力大的学科。本学科在建设发展过程中,形成以下学科方向:

(1)计算机科学与技术:该方向主要围绕计算机视觉、多媒体技术、数据挖掘、数字医疗技术等领域展开研究,取得了一批高质量的科研成果,为国家部门和企业提供高水平技术支持服务与技术咨询服务,产生了巨大的社会经济效益。

(2)软件工程:该方向源于首批 35 所"国家示范性软件学院"之一,形成了软件工程技术及应用、软件理论与智能计算、智慧矿业、文化计算和城市公共安全大数据 5 个学科方向。在特色方面,侧重于创新人才培养和服务社会的软件工程研究与开发。

（3）智能科学与技术：该方向是国内最早建设人工智能的专业之一，在心智计算、艺术计算、自然语言处理等研究方向上形成了系统性和创新性发展模式，并具有鲜明的学术特色。

2.优势特色

本学科在"立足海西、依托行业、服务社会、面向世界"的办学思想指导下，坚持研究型和国际化的办学定位，以强化创新能力为突破口，全面提升办学质量，已形成了以下特色：

（1）历史积淀优势：本学科拥有计算机科学与技术一级学科博士后流动站、工学博士、工学硕士及工学学士授予点。学科涵盖 5 个二级学科：计算机应用技术、计算机软件与理论、计算机体系结构、软件工程、智能科学与技术。计算机科学与技术和软件工程 2 个本科专业于 2019 年入选国家一流本科建设专业。计算机科学与技术、计算机软件与理论、软件工程 3 个学科方向是福建省重点学科。

（2）平台优势：本学科建立了厦门大学电子信息国家级实验教学示范中心、福建省智慧城市感知与计算重点实验室、福建省软件实用人才重点培训基地、福建省仿脑智能系统重点实验室、智能信息技术福建省高校重点实验室等，软件工程专业为福建省人才培养模式创新实验区、福建省第二类特色专业建设点和国家级人才培养模式创新实验区，软件工程硕士点为福建省研究生教育创新基地，教学实验中心为福建省教学实验示范中心、国家软件与集成电路人才国际培训（厦门）基地。拥有数字福建城市交通大数据研究所、数字福建健康医疗大数据研究所、数字福建城市公共安全大数据研究所以及福建省数字媒体创意与设计行业技术开发基地，曾先后获得国家"211 工程"、"985 工程"、"卓越工程师"计划以及"双一流"建设项目的支持。

（3）师资队伍与创新团队优势：本学科拥有专任教师 108 人，其中优秀青年基金获得者 1 人、闽江学者特聘教授 3 人，福建省"百千万人才工程"获得者、福建省新世纪人才计划获得者、福建省青年拔尖人才计划获得者共 6 人。45 岁及以下青年教师超过 70％。

（4）科学研究优势：本学科主要围绕国家及省部级重大需求开展科学研究，近4年获得一批重要的研究成果，发表中国计算机学会（China Computer Federation，CCF）A类和中国科学院期刊引用报告（Journal Citation Reports，JCR）一区高质量论文100多篇，其中多篇发表在 *IEEE TPAMI*、*IEEE TOG*、*IJCV* 等国际权威期刊上。近4年主持国家重点项目以及其他国家级项目近70个，获得省级科技进步一等奖2项，以及其他奖项多项。

（5）人才培养优势：本学科优质生源充足，本科生录取超过各省录取线80分以上，硕士生和博士生招考率分别约为5％和16％。自2016年以来，本学科已培养博士和硕士毕业生200余名，培养本科毕业生1200余名。本学科的就业率在厦大各专业中一直位列前茅，达96％以上，培养出的人才具有"五高"（即初次就业率高、薪水高、一线城市就业比率高、知名企业占比高和保研率高）特点和优势。毕业生已经在海内外取得了令人瞩目的成绩，他们活跃在国内外高校、政府以及企事业单位，发挥了重要作用。

（6）区域优势与国际化特色：本学科地处东南沿海，与台湾地区以及东南亚地区有深厚的历史渊源，并与上述地区知名高校开展了广泛而卓有成效的学术交流与合作。2016年，厦门大学马来西亚分校开始招生，本学科积极建设了厦门大学马来西亚分校计算机本科专业，为其创建了计算机专业课程体系（包括培养方案、教学大纲等），并每年选派多名优秀青年教师到该分校教授计算机本科课程。此外，本学科积极培养国际学生，近4年已经招收海外学生60多名（其中博士生21人、硕士生43名）。

3.人才培养体系和本科建设

（1）人才培养体系方面：本学科已形成了完整的高端人才培养体系，以培养高水平计算机科学理论研究人才和专业化的计算机技术开发人才为使命，旨在培养德智体全面发展，能够理论联系实际，独立进行理论研究，同时具备解决实际问题能力的创新性人才。坚持立德树人，使学生具有坚定正确的政治方向，热爱祖国和人民，具有良好的道德品质和精神风貌。培养学生掌握坚实宽广的计算机学科基本理论和系统的专门知识，具有发现问题、分析问题、解决问题的能力，能够熟练地运用一种外语阅读本专业的外文资料，具有较强的文字表达能力和口头表达能力;具有健康的体魄和心理、团队合作精神以及良好的社会适应能力。对于博士生及硕士生,要求须掌握科学研究的方法,具有较强的从事科学研究或设计开发的能力。

(2)本科建设方面:坚持"立德树人"的根本任务,把"全员、全程、全方位"育人贯彻在整个教育教学过程中;紧密围绕本科专业的办学理念,开展"以学生为中心"的师资队伍和基层教学组织建设,紧抓引进、培养和使用3个环节,优化人才发展体系;以课程组为教学组织的基本单位,采取"学院—系—课程组"等多模式,改进课程组制度和教学模式;完善和推行导师制,鼓励导师引导学生参加科研任务,培养学生的科研兴趣,促进科研与教学相结合,提升学生的创新、创造能力,同时积极推进科研成果转化为教学资源。

本学科拥有2个国家一流本科建设专业(计算机科学与技术、软件工程)、2个教育部"卓越工程师计划"人才培养本科专业以及3个福建省重点本科学科(计算机科学与技术、计算机软件与理论、软件工程)。软件工程专业被评为"国家级人才培养模式创新实验区",并于2019年通过工程教育认证。近4年,本学科本科生已获得国家和省部级三等奖以上奖项100余项,其中一等奖(含金奖)40余项。就业率在全校位列前茅,达到96%;毕业生受到用人单位好评,满意度高达95%以上。

4.国内外影响

本学科已经发展成为我国计算机科学领域内教学质量高、科研综合实力强、影响力较大的学科。本学科在教育部第四轮全国学科评估中被评为B+;2017年世界基本科学指标数据库(Essential Science Indicators,ESI)排名已进入前1%(2019年达到世界前0.59%);2019年USNews计算机学科全球排名第191名,在入围内地高校中排名第14;在2019年软科世界大学学术排名(Academic Ranking of World Universities,ARWU)中,本学科位居101—150区间。先后入选"211"、"985"和"双一流"重点建设名单,并获得国家"卓越工程师"计划和国家实验教学示范中心支持。此外,在国际化方面成果突出,与荷兰等北欧5所著名高校紧密合作,在厦门软件园建立国际化创新实践基地"中荷信息技术应用能力研发中心"(CHICK-IT),目前已招收了十四期的学员。此外,本学科还与美国北卡大学、爱尔兰都柏林工业大学等签署了有关师资培训、人才联合培养的协议。自 2016 年以来,举办了 20 多场国际国内会议(如 2019 年全国计算机教育大会、全国激光雷达大会,2018 年 IEEE 未来媒体技术大会等国内外学术会议),并派出 300 多位师生赴海外进行学术访问和交流;通过国家基金委、校际交换等项目出国交流以及参加境外学术会议的学生近 100 人次。逐步实现学科建设主流化、办学理念特色化、科技创新规模化、人才培养复合化、师资队伍国际化的国内一流、国际上有较大影响力的办学目标。

二、信息与通信工程一级学科

1.定位与目标

信息与通信工程学科以国家的战略需求为导向,服务海峡西岸及东南地区信息通信产业可持续创新发展,针对海、陆、空立体监测与通信网络中遇到的科学、技术和工程等问题,形成 4 个主要研究方向:水声通信与网络,针对水下多媒体高速数据传输与网络、水下目标探测与定位跟踪等开展系统性研究;宽带无线通信与网络,以网络信息理论为基础,围绕无线通信物理层编码调制与安全、网络动态重组与资源管控、分布式异构网络协同策略等关键技术进行研究;通信与导航信号处理,主要研究在高动态、强干扰、小信号等复杂环境下,通信、导航、雷达、红外图像信号的低失真采集、高精度处理、智能化辨识、低延时传输领域的关键理论、关键技术、关键芯片、通导一体信号体制、雷达新体制仿真设计等;机器学习与智能数据处理,主要研究机器学习与智能数据处理新模型、新算法以及在各类信号与大数据分析中的应用研究。通过厦大多学科整体优势,开展同海洋、生命、医学、能源等联合培养研究生,推进多学科的交叉融合。

以国家战略需求为导向,以服务海峡西岸及东南地区信息与通信产业可持续创新发展为己任,通过将本学科在水声通信与海洋信息技术领域的传统优势和导航与位置服务技术领域的新兴优势交叉融合,针对海、陆、空立体监测与通信网络中遇到的科学、技术和工程等问题,开展人才培养、学术研究和成果转化,注重多学科交叉,促进新的学科增长点,使厦门大学信息与通信工程学科成为国内一流、国际有影响力的学科,成为区域创新的源动力和人才高地。

2.优势与特色

(1)历史积淀与发展:本学科始于 20 世纪 40 年代成立的无线电物理学专业。经过 50 年代全国院系调整,厦大工科并入清华、浙大、东南等高校。80 年代逐步恢复工科,1994 年成立通信工程专业,依托无线电物理学与环境科学招收硕士及博士,从此迎来了本学科的高速成长,并于 2001 年、2003 年获通信与信息系统硕士和博士点,2003 年获信号与信息处理硕士点。2006 年、2010 年和 2012 年获信息与通信工程一级学科硕士点、博士点和博士后流动站,2012 年信息与通信工程成为福建省重点一级学科。本学科为厦大最有吸引力的招生单位之一,硕士招考率多年约 10％。目前已培养博士 130 余名、硕士近 900 名,他们活跃在国内外高校及企事业单位,并成为学术带头人或技术骨干。

(2)平台优势:本学科在教学改革、基础科研、成果转化上已形成相互支撑的数个平台,以"导航与位置服务技术国家地方联合工程研究中心(国)"和"水声通信与海洋信息技术"教育部重点实验室为基础的科研平台;以"电子信息国家实验教学示范中心"、"电子与通信工程专业学位研究生培养示范基地(国)"和国家级众创空间(国)等为核心的工科教学改革平台;以"福建省海西工研院通信工程技术中心"和"福建省海西卫星导航定位协同创新中心"为支撑的科研成果转化基地,形成教学、科研和成果转化密切联系、相互促进的三位一体的学科发展与创新模式。

(3)区域优势与特色:经过近 10 年"985 工程"建设以及 4 年的"双一流"建设,本学科形成面向台湾海峡的立体通信与导航、智能物理信息系统等特色与优势方向。利用海西地区唯一的"双一流"高校优势,并与"双一流"A＋学科"海洋科学"深度交叉融合,通过牵头构建协同创新中心,发展成为海西地区创新创业的源动力,并逐渐辐射到整个东南地区。利用与台湾高校和企业的历史渊源、地缘优势,开展广泛的学术交流和技术合作,促进本学科跨越式发展,成为两岸信息科技共荣与和平发展的纽带。

3.人才培养

(1)人才培养体系完整性:结合厦门大学既定的"世界知名高水平研究型大学,跻身世界一流大学行列"的人才培养目标,本学科构建了"知识传授、能力培养、素质提升、人格塑造"的高水平人才培养的生态系统,通过充分整合各方优质资源聚焦立德树人。培养体系通过将课堂教学、实践教学、对外交流相互结合,使思政教育、通识教育、专业教育等相互支撑;利用学科的平台优势,构建教学、科研和成果转化三位一体的创新培养模式,使得学科在实质性科教融合上取得较大突破;引进校外实践经验丰富的社会教学资源,加强人才培养的实践环节;主动加强大学教育与中小学及社会教育的沟通和衔接,将人才培养链向前端延伸。通过上述人才培养体系的构建,努力造就更多能担当民族复兴大任的时代新人,输送更多有理想、有境界、有品格、有才华的学子到祖国需要的广阔天地建功立业。

(2)本科专业建设情况:本专业已经形成教学、科研和成果转化密切联系、相互促进的三位一体的创新性人才培养模式。近4年开展省部级教学改革项目25项,每年吸引各方投入的教改项目经费约为100万元。本科生以第一或第二作者发表SCI论文2篇,专利4项,共有118人次在各类国家及省部级学科竞赛中获奖,其中国家级竞赛一等奖36人次,二等奖4人次。近3年来,本专业毕业生的平均国内升学深造率为44%,国外升学深造率为13.6%,就业率为37.5%,自主创业率为4%。其中,升学到国内双一流高校或双一流学科的学生占比为40%,升学到世界知名高校的学生占比为11.7%,本科生重点企业就业率达50%以上。2016年,本专业学生在中美青年创客大赛中的作品被选拔为唯一的中国创客代表性作品作为礼物送给时任美国国务卿克里先生。

4.学科方向设置

围绕立体通信与海洋信息领域的国家战略需求,形成2个主要研究方向:(1)立体通信与导航:构建空中、水面与水下的立体海洋信息采集和通、导体系,为关心、认识和经略海洋提供数据支撑服务,具体包括水声通信与网络、宽带无线通信与网络、导航与位置服务等。（2）智能物理信息系统：面向智慧海洋工程的各类信号与数据的分析、处理与应用，为交叉学科，如海洋、医学、化学、生物、材料等提供数据与信号分析和处理手段，构建智能化物理信息系统。

5.国内外影响力

近 4 年承担国家重大科技专项、省部级重大和重点等科研项目 13 项，国家级纵向合同经费 2173.3 万元，其他纵向合同经费 1516.2 万元，横向到账经费 4447.3 万元，人均 214.1 万元；发表 SCI/EI 论文 186 篇，其中国际权威期刊论文 52 篇；专利授权 103 项，专利转化 20 项。2019 年 2 月，国家发展和改革委员会正式批复建设"导航与位置服务技术国家地方联合工程研究中心"。竞赛方面，仅 2016—2019 年本学科本科生获省级以上奖 142 人次，研究生在国内外重要赛事上获一等奖 6 项、二等奖 12 项，获福建省优秀硕士学位论文 2 篇，优秀博士学位论文 3 篇。因为在创客教育方面的突出表现，在教育部中美青年创客交流中心 2019 年度评估中，由本学科建设的中美青年创客交流中心获得优秀创客中心奖。

本学科在水声通信和立体监测研究方面居国内领先地位，参与国家及地方智慧海洋发展规划制订，为国家水下信息安全和监测、资源开采等提供咨询和技术支撑，长期承担水下噪声对海洋生物影响的环评，多次接受中央电视台专访；北斗接收机抗干扰定位解算、高精度无缝定位方面处于国内领先地位，成为国内少数几个获得国家重大专项指南定向发布单位之一；雷达高精度测距测速居国内领先地位，成果已应用于载人航天、探月和导弹防御等重大雷达型号装备；在非平稳信道下载波设计理论和广义环境下的联合信源信道编码处于国际领导地位；在混沌编码调制、无线通信物理层安全、三维点云信号处理、领域知识驱动的机器学习算法等方面，在国际权威期刊上发表论文的质与量居国内领先地位。本学科在人才培养、科学研究、社会服务和成果转化等方面已成为海西地区的领头羊，是海峡两岸重要的创新引擎，对国防建设和区域经济起到极大的支撑作用，国内外影响力显著。

三、研究中心、基地情况【国家级】

导航与位置服务技术国家地方联合工程研究中心（2019 年 1 月获批）

"导航与位置服务技术国家地方联合工程研究中心"2019 年 2 月通过国家发改委认定批准，依托厦门大学通信、电子、计算机、海洋、航空等信息与工程学科进行建设，以国家布局"天地一体化信息网络"的战略需求为牵引，在厦大主持承担的北斗导航领域的国家重大科技专项、卫星导航系统重大专项、导航及导航应用领域国家重点研发计划相关课题的推动下，已经建立起一支由 55 位专任教师和工程技术骨干组成的科技创新团队，并采用项目负责人制（Principal investigator，PI）建立了导航定位、通信网络、人工智能、软件工程 4 个部门，在多源融合自适应导航、导航抗欺骗、目标跟踪与识别、工业互联网软件等关键技术上形成良好的研究基础。在服务地方产业和支持区域产业发展上，该平台已经在厦门软件园二期建立了包括 OTA 暗室系统、EMC 暗室系统、环境可靠性测试系统、射频一致性测试系统、红外图像传感器校验系统、集成电路开发环境、北斗高精度监测站等一批先进研发和测试环境，建立了较为完善的研发、测试及技术研发和技术服务体系等；管理体系通过了民标 GB/T 19001—2008 认证，相关研究成果除了支撑国家北斗导航建设，在通信、导航、媒体信号处理方向上的研究成果实现了大规模的产业化；依托平台在通信和北斗导航领域取得的研究成果，连续获得 2016 年和 2017 年省科技进步一等奖，以及厦门市科技进步一等奖，探索出了一条行之有效的成果转化新模式。

四、重点实验平台情况【部、省级】

1.水声通信与海洋信息技术教育部重点实验室（2005 年获批）

水声通信与海洋信息技术教育部重点实验室于 2005 年年底获教育部批准，依托厦门大学通信系和海洋系筹建，2009 年 7 月通过教育部组织的验收，并正式向社会开放运行。

　　重点实验室瞄准水声通信与海洋信息技术领域重大科学、技术问题,设立水声通信和海洋信息技术 2 个研究方向,研究重点包括海洋声场声信道、水声通信与网络、多媒介立体通信、海洋遥感、海洋数值模拟与分析和声信息与声探测。实验室已成为对外开放、具有影响力的水声通信及海洋信息技术应用基础研究基地。

　　实验室现有固定研究人员 40 名,其中教授 24 名(博士生导师 20 名)、副教授 7 名、助理教授 9 名,获博士学位的研究人员占研究团队的 92.5%;另有技术人员 20 名(高级工程师 9 名),行政人员 2 名,流动人员 38 名。实验室固定研究人员中,有国家高层次人才 4 名,国家优秀青年基金获得者 1 名,国家教委跨世纪优秀人才 1 名,"闽江学者"特聘教授 3 名、讲座教授 1 名,福建省新世纪优秀人才 3 名,福建省"双百计划"特支人才 2 名,高校百名领军人才 1 名,福建省"百人计划"1 名,厦门市"双百计划"2 名,厦门大学特聘教授 1 名,现已形成了一支以高水平学术带头人为核心、中青年科学家为中坚力量、年龄结构合理、团结向上、充满活力的科学研究队伍。

2.福建省海西工研院通信工程技术中心(2009 年 6 月获批)【福建省科技重大创新平台】

　　海西工研院通信工程技术中心(以下简称"海西中心")成立于 2009 年 6 月 18 日,是由福建省科技厅和厦门大学双方共建的一个研发机构,该平台依托信息与通信工程系建立,是厦门大学工科第一个政府投入超过 1000 万的重大科技创新平台,并在此基础上又在导航方向获得了厦门市科技局 1200 万的财政投入,最终发展成为今天的"导航与位置服务技术国家地方联合工程研究中心"。

　　该平台位于厦门软件园二期厦大科技大厦内,研发面积 4000 平方米。通信工程系依托该平台的建设,学科实现了快速的发展,又先后在通信学科方向获得了"福建省无线通信接入工程技术研究中心""福建省智能化无线通信制造业创新中心""厦门市无线通讯工程技术研究中心"等平台,并且完成了 2007 年、2009 年、2010 年省重大科技专项的研发和产业化,"智能化多媒体通信系统及终端关键技术研发与产业化"项目获得了 2016 年省科技进步一等奖。在福建省科技厅和厦门市科技局的大力支持下,海西中心又拓展了研究方向,在导航领域先后获得了"厦门卫星导航应用研发中试基地""厦门市导航与位置服务技术工程实验室"
"海西卫星导航定位技术协同创新中心",牵头完成了"中国第二代卫星导航系
统"国家重大科技专项课题 2 项,相关研究成果也实现了大规模产业化,"北斗通
信与导航终端关键技术研发与产业化"项目获得了 2017 年省科技进步一等奖。

海西中心创新平台的建设,也带动了信息与通信工程系的创新人才培养体
系的变革,由厦门大学和火炬管委会共建的"厦大-火炬极客空间"先后获批厦门
市、福建省、国家级众创空间,并被教育部认定为"中美青年创客交流中心";信息
与通信工程系建在海西中心的研究生培养基地,被全国工程专业学位研究生教
育指导委员会认定为"电子与通信工程研究生培养创新基地"。

海西中心通过建立一个开放性的"高校实验室+园区工程中心"双核架构,
为教学、科研、行政管理的改革营造了一个良好的生态环境,使参与者能够在充
分竞争的信息领域中快速感知和响应需求,能够快速形成突破,快速形成反馈迭
代,在竞争中提升探究能力,提高培养人才的水平。

3.福建省无线通信接入工程技术研究中心(2012 年 6 月获批)【福建省工程技术研究中心】

福建省无线通信接入工程技术研究中心(以下简称"研究中心")成立于
2009 年 7 月,平台依托 ATR 国防科技重点实验室第六分室(厦门大学),以及位
于厦门软件园二期厦大科技大厦内的"海西工业技术研究院通信工程技术中心"
进行建设,形成了"高校重点实验室+产业园区工程中心"的"双核"驱动的研发
和成果转化体系。

研究中心自 2009 年成立以来,以厦门大学主持承担的 4 项福建省通信行业
领域重大科技专项为牵引,以 2 项省和市政府投入均超千万的重大科技创新平
台项目为支撑,依托厦门大学在通信信号处理和通信网络技术领域的学科优势,
在通信智能终端、移动网络优化设备、专网无线通信系统等领域同福建省微波通
信产业集群相关企业开展密切的产学研协作,相关研究成果通过产业集群的合
作企业实现了大规模的产业化,形成了 2G/3G/4G 数字直放站、数字电视发射
机和接收机、数字电视补点器、小型化室内分布系统、宽带自组织网络系统,以及
网络优化产品等多个产品系列,相关产品在全国二十几个省、市、自治区广电和

三大运营商中被广泛应用,部分产品进入了东南亚、中东、北非、南美、东欧等海外国家和地区。厦门大学的通信领域研究成果获得了 2016 年度福建省科技进步一等奖,探索出一条行之有效的科技成果产业化的新模式。

4.福建省数字媒体创意与设计行业技术开发基地(2011 年获批)

福建省数字媒体创意与设计行业技术开发基地以厦门大学软件学院、艺术学院、人文学院、新闻传播学院为依托,整合厦门大学相关学科的科技力量组建,是从事文化创意数字再现方法与设计工具、动画设计与制作技术及软件、海量媒体管理与服务技术系统的研究与开发,为相关企业技术创新提供服务的公共服务平台。基地整合厦门大学相关学科的科技力量,利用国内外技术资源,帮助福建省数字媒体创意与设计企业开展技术创新活动。同时,以项目为载体,以产学研联合方式开展技术创新服务。基地与企业根据自愿和互惠互利的原则开展技术创新工作。

5.福建省海西卫星导航定位技术协同创新中心(2015 年 7 月获批)
【福建省 2011 协同创新中心】

福建省海西卫星导航定位技术协同创新中心(以下简称"创新中心")是由厦门大学、福州大学、福建省电子信息集团三方共同组建的一个集教学、科研和服务产业为一体的产业技术支撑平台,总部位于厦门软件园二期厦大科技大厦内,并在福州大学科技园设有分部。

创新中心自 2015 年获得认定以来,以厦门大学主持承担的 2 项"中国第二代卫星导航系统"国家重大科技专项关键技术攻关课题,以及国家重点研发计划导航领域重点专项课题为牵引,依托厦门大学和福州大学在导航信号处理和智能抗干扰技术领域的学科积累,在导航芯片、终端、测试设备、定位服务等领域开展协同创新,相关研究成果通过合作企业实现了大规模的产业化,形成北斗通信模块、北斗天线、北斗手持机、北斗指挥机、北斗检测设备等多个产品系列。其中,军品北斗手持双模机已大批量装备部队,民用北斗天线和北斗通信模块也已大量装备闽浙两省渔船,共计 11000 余艘(福建省 8000 艘),近 3 年为合作企业带来新增销售收入 2.97 亿元，新增利润 6852 万元。厦门大学近年在导航领域的协同创新成果也获得了 2017 年度福建省和厦门市科技进步一等奖，探索出一条行之有效的军民融合协同创新的道路。

6.福建省智慧城市感知与计算重点实验室（2015 年获批）

福建省智慧城市感知与计算重点实验室，英文名 Fujian Key Laboratory of Sensing and Computing for Smart Citys，简称 SCSC 实验室，于 2014 年 4 月开始筹建，2014 年 11 月在福州通过福建省科学技术厅组织的专家评审，2015 年 3 月获批在厦门大学信息科学与技术学院正式挂牌建设。

重点实验室针对国家和福建省对智慧城市建设的重大需求，抓住国际学术前沿的研究热点和趋势，整合多学科、多领域的专家，主要在城市空间感知与计算、城市视觉感知与智慧监控、城市数据挖掘与网络空间安全、城市环境与行为分析 4 个重点方向开展深入的理论研究和应用基础研究。

SCSC 实验室将认真执行"开放、流动、联合、竞争"的运行机制和《福建省重点实验室建设与运行管理办法》，为推动相关学科领域的建设和发展，加强学科间的合作与互补及与国内外各大学和研究机构的合作交流，提高相关领域的科技创新能力和水平，凝聚、稳定人才队伍及培养学术带头人做出最大努力。希望在国内外同行的支持下，到 2020 年，将 SCSC 实验室努力建设成为共享、开放的应用基础研究平台，能够面向国家和海西地区的重大需求，承担国家和福建省的重要科研任务，成为具有厦门大学特色的服务于海西地区智慧城市建设的高水平科学研究和人才培养基地。通过"十三五"的建设与发展，SCSC 实验室整体水平达到国内领先。目前 SCSC 实验室承担了一批国家级科研项目，其中包括 863 计划项目、国家自然科学基金面上项目、青年基金项目、重大仪器专项、国家优秀青年基金项目以及省部级重要科研项目 60 多项，科研经费累计达 3000 余万元。SCSC 实验室获省市科技进步奖 7 项，国内外发明专利 20 多项。近 5 年 SCSC 实验室发表 SCI 检索 JCR 三区以上论文 136 篇，其中 JCR 一区论文 7 篇，JCR 二区论文 61 篇，IEEE 会刊论文 44 篇。

7.数字福建物联网通信和体系架构安全技术实验室（2017 年获批）

数字福建物联网通信和体系架构安全技术实验室（IoTCAS）是福建省发展和改革委员会以党的十九大报告建设网络强国、数字中国、智慧社会的战略思想为指导，于 2017 年 9 月正式成立的数字福建物联网领域首批重点实验室之一。重点实验室隶属于厦门大学信息学院信息与通信工程系，服务物联网和智能硬件的应用及产业发展前沿技术需求，坚持自主创新与开放兼容相结合，以物联网通信技术、物联网体系架构和安全技术的基础理论和应用技术为核心，打造高水平的物联网和智能硬件理论研究及技术研发支撑平台，推进学术交流和人才培养，推动物联网技术创新、应用及产业孵化。

重点实验室是在 2004 年建立的厦大—清华通信技术联合实验室基础上发展起来的，长期以来实验室依托自身在物联网技术、无线通信技术及数字信号处理领域多年研究积累的学术及技术优势，承担多项国家 863 项目、国家自然科学基金项目，与美国高校、台湾地区高校，及高通、京信通信、福建联迪、立林科技及立达信等国内外大公司开展技术交流与合作，积累了丰富的物联网、无线通信及信号处理方面的科研经验，与国内企业的产学研项目合作也日现规模，形成从创新算法到系统设计及制造实现的系列化产业映射能力，具备软硬件综合设计、研究与开发并重的科研实力。

8.数字福建城市交通大数据研究所（2017 年获批）

根据《福建省发展和改革委员会关于启动建设首批数字福建大数据研究院（所）的通知》（闽发改数综〔2017〕675 号）文件精神，2017 年 10 月"数字福建城市交通大数据研究所"获批建设。研究所牵头单位是厦门大学（由信息科学与技术学院负责），联合建设单位包括中国交通通信信息中心、厦门卫星定位应用股份有限公司、福建省数字福建云计算运营有限公司、长威信息科技发展股份有限公司、纵目科技（上海）股份有限公司、易图通科技（北京）有限公司、厦门市美亚柏科信息股份有限公司、北京小桔科技有限公司（滴滴出行）、北京摩拜科技有限公司等。

研究所正在承担的研发攻关项目共 17 项，包括国家级 7 项、国际合作 1 项、省部级科研项目 1 项。2018 年新增学术论文 23 篇(SCI 一区 3 篇,SCI 二区 7 篇,CCF A 类论文 5 篇),授权/申请国家发明专利 4/24 项,获得软件著作权 37 项。研发交通大数据和人工智能核心算法 10 个,拓展各类大数据应用 20 余 个,服务全省交通出行用户 2000 万人次。2017 年 4 月,"厦门市交通大数据应用 分析平台"入选工信部"大数据优秀产品、服务和应用解决方案"50 强。2018 年 9 月,"城市交通大数据共享服务平台及其跨领域示范应用"和"城市公共安全管 理平台"成功入选工信部 2018 年大数据产业发展试点示范项目。开展高端学术 研讨会和产业技术培训活动 10 次,累计参会人数超过 500 人。重点科研选题有 城市交通大数据分析应用平台、室内环境高效三维建模与智能技术。

9.数字福建健康医疗大数据研究所 (2017 年获批)

根据《福建省发展和改革委员会关于启动建设首批数字福建大数据研究院 (所)的通知》(闽发改数综〔2017〕675 号)文件精神,"数字福建健康医疗大数据 研究所"获批并启动建设。研究所牵头单位是厦门大学(由信息科学与技术学院 负责),第一批联合建设单位包括厦门大学翔安医院、厦门大学附属第一医院、福 州总医院、智业软件股份有限公司、福建省数字福建云计算运营有限公司、福建 浪潮大数据产业发展有限公司等。本研究所拟通过自主创新和跨学科合作,产 生一批国内领先、国际一流的具有良好产业转化价值研究成果,并推动健康医疗 大数据相关研究成果的转化。同时,研究所将致力于培养健康医疗大数据领军 人才和创新人才,为福建省和全国健康医疗大数据产业的健康发展提供有力的 人才和技术支持,为推进"数字福建"乃至"数字中国"建设贡献力量。

平台目前的研究方向有健康医疗大数据安全、标准和处理,健康医疗大数据 分析与人工智能,健康医疗大数据临床应用以及健康医疗大数据政策与产业。

10.数字福建——城市公共安全大数据研究所 (2017 年获批)

数字福建——城市公共安全大数据研究所是在福建省发改委的支持与指导 下,由厦门大学牵头,厦门大学软件学院承建,以及联合厦门市美亚柏科信息股 份有限公司、泉州易华录投资发展有限公司、贵州东冠企业管理集团、福州逾越教育管理有限公司等共同建设,旨在打造福建省最具特色的城市公共安全大数据产学研用一体化机构。

数字福建——城市公共安全大数据研究所是省内首个整合了政府、大学和市场三方面资源面向城市公共安全领域的大数据研究机构。研究所依托厦门大学软件学院在大数据研究方面积累的丰硕成果,面向城市公共安全领域,开展核心关键技术研究,联合多方力量共同打造公共服务平台,不断提升公共服务水平;依托研究所强大的科研实力,开展人才培养工作,努力使之成为福建省城市公共安全领域的大数据技术研究基地、应用研究基地和人才培养的示范区;成立成果转化中心,瞄准与城市公共安全领域相关行业大数据应用需求,与大数据领军企业共同开展行业大数据分析、应用、成果转化。

11.福建省智能化无线通信制造业创新中心（2018 年 12 月获批）【福建省创新平台】

福建省智能化无线通信制造业创新中心(以下简称"创新中心")在福建省经信委支持下,成立于 2018 年 12 月。该创新平台的总部设在厦门软件园二期厦大科技大厦内,由厦门大学海西通信工程技术中心负责牵头,并联合福州大学、福州瑞芯微电子股份有限公司、福建星网锐捷通讯股份有限公司、福建新大陆通信科技股份有限公司(福建新大陆集团)、福达新创通讯科技(厦门)有限公司(台湾台达集团)、厦门雅迅网络股份有限公司等联盟单位共同参与建设。

该创新平台以厦门大学在信息通信领域主持承担的国家和地方重大科技专项课题为牵引,以推动这些重大课题技术成果的"研发供给、转移扩散、首次商业化"为工作重点,积极探索能够匹配联盟单位未来产品需求的关键技术,并在智能化多媒体芯片及算法 IP、智能终端及边缘设备、导航定位模组、工业级无线专网系统、工业嵌入式软件及中间件等工业互联网产品方案上形成对联盟企业的支撑,形成一个以厦门大学所属的"福建省智能化无线通信制造业创新中心"为核心纽带,建立起"高校省部级科研平台—制造业创新中心—产业企业研发中心"三位一体的创新链条。

五、对外交流概况

建院伊始,学院高度重视对外交流合作工作,师生出国境规模和质量不断提升。2013 年以来,先后主办了海峡两岸信息与通信前沿技术研讨会,无线通信、网络及应用高级研讨会,大数据与云计算国际学术会议暨产业论坛,第六届互联网多媒体计算与服务国际学术会议,第十届高级计算智能国际会议,第七届 IEEE 未来多媒体技术会议,第七届国际华人人机交互大会等 14 场国际学术会议。

学院积极搭建对外交流平台,为师生架起与国外知名高校交流合作的桥梁。2008 年,学院与荷兰莱顿大学、汉恩应用科技大学、海牙应用科技大学等 5 所荷兰高校共建国际化软件人才实习基地——中荷信息技术应用能力研发中心(China-Holland Educational Competence and Knowledge Center on Information Technology,CHECK-IT),这也是"国家软件与集成电路人才国际培训(厦门)基地"主要成员。中心由中荷双方通过选派高年级本科生组成联合团队,以软件项目研发为驱动,进行国际化软件开发能力实习实训,培养学生国际化项目开发能力,同时通过组织形式多样的跨文化活动提高学生跨文化交流能力。CHECK-IT 项目每学期举办一期,共举办 17 期,共有中外 500 多名师生参加。参加 CHECK-IT 项目的荷兰高校组成了荷兰高校指导委员会,与学院共同出资和管理 CHECK-IT 项目。CHECK-IT 的工作得到了荷兰王国驻中国大使馆广州总领事馆、国家外专局中国国际人才交流基金会、厦门市政府信息化局的肯定和支持。2016 年,CHECK-IT 加入厦门大学演武创客空间,进一步推动大学生创新创业工作的开展。2012 年,学院与美国得克萨斯大学达拉斯分校开展"1+1+1"双硕士项目,学生第一年在国内修读工程硕士课程,第二年到合作高校修读课程合格并取得学位,第三年回国完成论文答辩即可获得厦门大学工程硕士学位。2016 年,学院与加拿大卡尔加里大学签订本科"2+2"联合培养双学位协议,在计算机专业实施,学生前两年在厦门大学完成课程学习,后两年赴卡尔加里大学学习,成功完成学业可同时获得厦门大学与卡尔加里大学学士学位。同时,学院与荷兰莱顿大学、荷兰海牙应用科技大学的本科生交流项目获批国家留学基金委资助的"优秀本科生国际交流项目"。

近年来,学院接待了台湾元智大学校长张进福教授、东华大学校长赵涵捷教

授、新竹交通大学副校长谢汉萍教授,加拿大卡尔加里大学副校长 Janaka Ru-
wanpura 教授,德国人工智能研究中心柏林分部负责人 Hans Uszkoreit 教授,
阿拉伯科技与海运研究院工程与科技学院院长 Khalid Ali Shehata 教授等 10 余
个来访团组。学院邀请包括加拿大皇家科学院院士、加拿大工程院院士、IEEE
会士等顶级专家做客南强、海韵学术讲座,为师生带来一场场学术的饕餮盛宴。

　　随着对外交流日益频繁,水平不断提升,学院的国际化办学能力得到了显著
提高。高层次而深入的对外合作,为学院师生开阔视野、了解国际学术前沿信息
提供了宝贵机会,有力促进了学院学科建设工作。

第四部分　教学成果

　　厦门大学信息学科长期以来将教学作为工作的重中之重,取得了丰硕的成果。自 2000 年以来,多门课程入选国家级和省级精品在线开放课程,多个教改项目获批教育部首批"新工科"研究与实践项目和福建省教学改革研究项目、福建省高等学校创新创业教育改革项目,多个项目获得国家级和省级教学成果奖。2013 年,软件工程专业、计算机科学与技术专业与自动化本科专业同时入选教育部卓越工程师培养计划,而数字媒体技术、软件工程和网络空间安全专业入选福建省高等学校服务产业特色专业立项建设名单。同年,控制科学与工程学科获批福建省控制科学与工程研究生教育创新基地。2019 年,软件工程专业通过中国工程教育专业认证协会组织的工程教育认证。同年,软件工程专业和计算机科学与技术专业获批国家级一流专业。

　　学院现设有电子信息实验教学中心、软件工程实验教学中心、数字媒体技术实验教学中心、电子与通信工程实验教学中心,为学院的教学提供优质平台和保障。近年来,学院学生在全国大学生数学建模竞赛、全美大学生数学建模竞赛、全国大学生电子设计竞赛、全国大学生智能设计大赛、全国大学生机器人大赛等一系列重要竞赛中屡获佳绩。

一、教学与教研荣誉

1.精品课程与教改项目（国家级、省级）

精品在线开放课程

项目名称	项目负责人	国家级	省　　级
"C 程序设计基础"	黄洪艺	2017 年	2016 年

续表

项目名称	项目负责人	国家级	省　级
"大数据技术原理与应用"	林子雨	2018 年	2017 年
"IT 项目管理"	吴清锋		2017 年

教育部首批"新工科"研究与实践项目

项目群	项目名称	项目主持人	立项时间	立项文号
大数据类项目群	大数据专业在新工科多方协同育人模式中的改革与实践	纪荣嵘（林子雨）	2018	教高厅函〔2018〕17 号：教育部首批"新工科"研究与实践项目
计算机和软件工程类项目群	新工科人才的创业能力培养探索——以厦门大学国家示范性软件院为例	吴清锋	2018	

省级教学改革研究项目

项目类型	项目名称	项目主持人	立项年份
实践教学类	大学生信息安全竞赛平台	陈启安	2014
人才培养模式类	构建新媒体技术平台,促进卓越型创新人才培养——以数字媒体技术专业为例	吴清锋	2014
人才培养模式类	"互联网＋"背景下软件工程创新创业人才培养体系研究	张仲楠	2015
教学质量保障类	基于多维评价的卓越工程师教育教学质量保障体系研究	王美红	2016
实践教学类	面向"互联网＋"创业服务的校企结合课程实践与改革	黄炜	2016
教学资源共享类	全国高校大数据课程公共服务体系的研究与实践	林子雨	2016
一般项目	"双一流"背景下数字媒体特色专业建设探索	吴清锋	2017

续表

项目类型	项目名称	项目主持人	立项年份
创新创业类	兴趣驱动的信息技术创新创业教改	郑灵翔	2018

福建省高等学校创新创业教育改革项目

项目类型	项目名称	主持人	立项年份	立项文件
精品资源共享课（创新创业教育与专业教育融合类）	项目管理与创新创业实践	吴清锋	2017	闽教高〔2017〕27 号
创新创业教育改革试点专业	通信工程	洪学敏	2016	闽教高〔2016〕27 号
精品资源共享课（创新创业教育与专业教育融合类）	移动计算	郑灵翔	2015	闽教高〔2015〕41 号

2. 教学成果奖（2000 年以来的国家级、省级奖励）

教学成果奖（2000 年以来的国家组、省级奖励）

年　度	项目名称	主要完成者	获奖等级
2001	计算机科学与技术一级学科人才培养科学理论体系（框架）	赵致琢、达力、张继红、武北虹	国家级二等奖 福建省一等奖
2005	《计算科学导论（第三版）》（教材）	赵致琢	福建省二等奖
2005	公共计算机课程教学改革的研究与实践	吴锦林、黄保和、陈海山、李更明、陈道乾	福建省二等奖
2009	计算机科学与技术专业科学办学的理论探索与实践总结	赵致琢、张德富、倪子伟、黄绍辉、谢杰镇、李慧琪、鞠颖、庄朝晖、程明、黄晓阳	福建省一等奖
2014	电子信息类学生创新实验教学培养体系改革	彭侠夫、黄联芬、陈华宾、董俊、刘舜奎、程曙艳	福建省一等奖

续表

年　度	项目名称	主要完成者	获奖等级
2014	软件工程卓越人才培养模式的创新与实践	董槐林、林坤辉、史亮、王美红、张仲楠、曾文华	福建省一等奖
2014	以产业需求为导向,探索服务海西信息通信产业的人才培养新体制	石江宏、郑灵翔、施芝元、洪学敏、董俊、陈辉煌	福建省二等奖
2014	科学与艺术双引擎驱动下数字媒体创新型人才培养模式的探索与实践	王备战、吴清锋、董槐林、姚俊峰、杨宝容、陈俐燕、刘方、吴清强、佘莹莹、曾文华、廖明宏	福建省二等奖
2018	"四位一体"创新创业软件人才培养模式的探索与实践	史亮、吴清锋、杨律青、姚俊峰、林坤辉、王备战、廖明宏、董槐林	福建省一等奖
2018	全国高校大数据课程公共服务平台的研究与实践	林子雨、谢怡、郑炜、曾湘祥	福建省二等奖

3. 特色专业与创新试验区（国家级、省级）

卓越工程师教育培养计划

专　业	级　别	立项时间	立项文件
计算机科学与技术	国家级	2013	教高厅函〔2013〕38 号
软件工程	国家级	2013	教高厅函〔2013〕38 号

福建省高等学校服务产业特色专业立项建设名单

专业名称	项目负责人	立项时间	立项文件
数字媒体技术	姚俊峰	2016	闽教高〔2016〕24 号
软件工程	杨律青	2016	闽教高〔2016〕24 号
网络空间安全	李军	2016	闽教高〔2016〕24 号

4. 教学团队(现有国家级、省级教学团队)

省级本科教学团队

团队名称(类别)	类　型	带头人姓名	时　间
软件工程系列课程教学团队	教学科研型	林坤辉	2018

5. 人才培养基地

实验教学示范中心

学　院	名　称	国家级	省级
信息科学与技术学院	电子信息实验教学中心	2008	2007
软件学院	软件工程实验教学中心		2009
软件学院	数字媒体技术实验教学中心		2013
信息科学与技术学院	电子与通信工程实验教学中心		2013

二、学生获奖

2012—2018 年学生获得国际级和国家级奖项情况

年　份	竞赛项目	奖　项	姓　名
2012	全国大学生数学建模竞赛	一等奖	林淑怡
2012	全国大学生数学建模竞赛	一等奖	吴建林
2012	全国大学生数学建模竞赛	二等奖	林艺明
2012	全国大学生数学建模竞赛	二等奖	陈正坤
2012	全国大学生数学建模竞赛	二等奖	陈子愉
2012	全美大学生数学建模竞赛	一等奖	蔡志鹏
2012	全美大学生数学建模竞赛	二等奖	王清

年　份	竞赛项目	奖　项	姓　名
2012	全美大学生数学建模竞赛	二等奖	柳信
2012	全美大学生数学建模竞赛	二等奖	解昕
2012	全美大学生数学建模竞赛	二等奖	蔡少俊
2012	全美大学生数学建模竞赛	二等奖	杜伯达、陈曦
2012	全美大学生数学建模竞赛	二等奖	陈福沨、池良旺
2012	全美大学生数学建模竞赛	三等奖	李一帆
2012	全美大学生数学建模竞赛	三等奖	项宁
2012	全美大学生数学建模竞赛	三等奖	裴迪
2012	全美大学生数学建模竞赛	三等奖	钟张婷
2012	第二届"华为杯"全国大学生智能设计竞赛	一等奖	张弛、郭林
2012	第二届"华为杯"全国大学生智能设计竞赛	一等奖	郑发魁、阎思瑶、黄平、黄福程
2012	第二届"华为杯"全国大学生智能设计竞赛	三等奖	黄舒曼、郑雅静、任文瑶
2012	第二届"华为杯"全国大学生智能设计竞赛	三等奖	张子钊、曹原、卢志棠、严跃艺
2012	第二届"华为杯"全国大学生智能设计竞赛	优秀奖	王金淋、吕峰、吴静垠、邱哲涵
2012	第七届全国大学生"飞思卡尔"智能汽车竞赛	一等奖	渠占广
2012	第七届全国大学生"飞思卡尔"智能汽车竞赛	二等奖	吴铭鸿、陈求兴、叶增软
2012	第八届中国研究生电子设计竞赛	二等奖	
2012	第八届中国研究生电子设计竞赛	三等奖	
2012	中国机器人大赛暨 RoboCup 公开赛	仿真 2D 组季军	陈鹏峰、韩雪、郭天赐、陈观淡、纪幼纯、李阆枢、舒同欣

续表

年　份	竞赛项目	奖　项	姓　名
2012	国际 SCILAB 程序设计竞赛	一等奖	张耀、陈耀东、陈凯林、陈晓铨、苏龙江
2012	国际 SCILAB 程序设计竞赛	二等奖	章焱、吕伟航、朱建杰、陈曦
2012	"北极光-清华"第二届全国大学生公益创业实践赛	优秀奖	朱钰
2012	"北斗杯"创新大赛	优秀奖	王智灵
2012	第五届"英特尔杯"全国大学生软件创新大赛暨 HTML5 程序开发邀请赛	三等奖	卢骏、詹永杰、高广波、郑振发
2013	全国大学生数学建模竞赛	本科生组高教社杯	李文然
2013	全国大学生数学建模竞赛	一等奖	唐嘉诚
2013	全国大学生数学建模竞赛	一等奖	李文然
2013	全国大学生数学建模竞赛	一等奖	林质锐
2013	全国大学生数学建模竞赛	二等奖	刘雨莎
2013	全国大学生数学建模竞赛	二等奖	张琪
2013	全国大学生数学建模竞赛	二等奖	王桂凤
2013	全国大学生数学建模竞赛	二等奖	齐孝勇
2013	第十三届"挑战杯"全国大学生课外学术科技作品竞赛	二等奖	程莹、白胜闯、王光宇、周晓、杨志鹏、贺瑜
2013	全美大学生数学建模竞赛	一等奖	韩雪
2013	全美大学生数学建模竞赛	一等奖	陈鹏峰
2013	全美大学生数学建模竞赛	一等奖	苏瑞福
2013	全美大学生数学建模竞赛	一等奖	席书婷
2013	全美大学生数学建模竞赛	二等奖	张凯祥
2013	全美大学生数学建模竞赛	二等奖	刘玥
2013	全美大学生数学建模竞赛	二等奖	谢警
2013	全美大学生数学建模竞赛	优秀奖	郭天赐

年　份	竞赛项目	奖　项	姓　名
2013	全美大学生数学建模竞赛	优秀奖	舒同欣
2013	全美大学生数学建模竞赛	优秀奖	林淑怡
2013	全美大学生数学建模竞赛	优秀奖	陈观淡
2013	第八届全国大学生"飞思卡尔"智能汽车竞赛	特等奖	陈观淡、郑伟鸿
2013	第八届全国大学生"飞思卡尔"智能汽车竞赛	二等奖	周两进、郭珊珊
2013	Ghosts Challenge（国际游戏设计竞赛）	冠军	黄忠强、蔡跃亮
2013	"中国电机工程学会杯"全国大学生电工数学建模竞赛	一等奖	姚宇琪、钟璨夷、邱少勇
2013	"中国电机工程学会杯"全国大学生电工数学建模竞赛	二等奖	徐惠、李灵至、张飚
2013	"中国电机工程学会杯"全国大学生电工数学建模竞赛	二等奖	王诗宇、罗文彬、蔡云武
2013	"中国电机工程学会杯"全国大学生电工数学建模竞赛	三等奖	夏路遥、庄轶、吴泽石
2013	"中国电机工程学会杯"全国大学生电工数学建模竞赛	三等奖	张琪
2013	第四届全国大学生数学竞赛	非数学专业类二等奖	曹亨
2013	全国大学生电子设计竞赛	二等奖	渠占广、苏瑞福、沈珊珊
2013	全国大学生电子设计竞赛	二等奖	柯盛帆、吕荣毅、周紫鹏
2013	第十届华为杯全国研究生数学建模竞赛	三等奖	蔡素贤、杨珊珊、罗鑫
2013	中国机器人大赛暨 RoboCup 公开赛	仿真 2D组季军	范旭增、王玮玮、李文然、马建杰
2013	第三届全国大学生智能设计大赛	一等奖	陈福海、沈云航、和文丽、孙妍
2013	第三届全国大学生智能设计大赛	三等奖	龙安忠、谢朝辉、金鑫、陈静

续表

年　份	竞赛项目	奖　项	姓　名
2013	"CCF 优秀大学生奖"		蔡志鹏
2013	"北极光-清华"第三届全国大学生公益创业实践赛	全国八强创赢未来希望奖	赵月园
2013	ADI 中国大学创新设计竞赛	二等奖	吴佳雯、李宏生、潘锟、林淑强、赵翠翠、吴文鑫、胡程乔、陈秀容
2013	第二届腾讯编程马拉松区域决赛	第二名	周浩程
2013	首届"好丽友杯"大学生公益梦想实践大赛	青年公益大使	张琪
2014	第九届全国大学生"飞思卡尔"智能汽车竞赛	一等奖	罗彬、范旭增、杨昭川、雷祺、何森勋
2014	第九届全国大学生"飞思卡尔"智能汽车竞赛	一等奖	方鸿亮、廖基燊、徐志强、颜锴
2014	第五届"北斗杯"大赛全国青少年科技创新大赛	二等奖	翁明辉
2014	第十三届全国大学生机器人大赛	二等奖	曹福青、许华伟、许敦义
2014	第九届全国大学生电工数学建模竞赛	二等奖	燕燕、刘瑞楠、吴艺红
2014	第五届全国大学生数学竞赛决赛	一等奖	艾杨
2014	第五届全国大学生数学竞赛决赛	二等奖	曹亨
2014	全国大学生电子设计竞赛模拟电子系统专题邀请赛（TI 杯）	三等奖	翁明辉、翁长成、吴振阳
2014	MIPSPIC32MCU 设计大赛	三等奖	翁明辉、吴泽石、吴振阳
2014	美国数学建模竞赛	一等奖	马建杰、曹兆莹、罗雍
2014	美国数学建模竞赛	一等奖	吕文彬、邱琳、王文敏
2014	美国数学建模竞赛	二等奖	范旭增、姚雨琪、吴嘉文
2014	"高教社杯"全国大学生数学建模竞赛	一等奖	汪璐璐、陈滢滢、王泊盛
2014	"高教社杯"全国大学生数学建模竞赛	一等奖	杞坚玮、彭笑颜、梁煊

年　份	竞赛项目	奖　项	姓　名
2014	"高教社杯"全国大学生数学建模竞赛	一等奖	黄亚楠、胡润山、李圣南
2014	"高教社杯"全国大学生数学建模竞赛	一等奖	林舒卿、白澄宇、俞伟
2014	"高教社杯"全国大学生数学建模竞赛	二等奖	万晓玥、陈明、刘天宇
2014	"高教社杯"全国大学生数学建模竞赛	二等奖	宋蕾、陈晓阳、杨牡丹
2014	"高教社杯"全国大学生数学建模竞赛	二等奖	王艳芳、谢伟平、郭煜
2014	"高教社杯"全国大学生数学建模竞赛	二等奖	杨少卿、侯静宜、唐鹏
2014	"高教社杯"全国大学生数学建模竞赛	二等奖	林玮琪、朱柄键、鲜思锐
2014	"高教社杯"全国大学生数学建模竞赛	二等奖	李灵志、林子强、陶冶
2014	第四届"华为杯"全国大学生智能设计竞赛	一等奖	蔡飞鹏、张梦翻、刘轩霖
2014	第四届"华为杯"全国大学生智能设计竞赛	一等奖	王淑茹、林雨辉、杨辉、陈新宇
2014	第四届"华为杯"全国大学生智能设计竞赛	二等奖	任梁、汤德衍、林琛、侯士伟
2014	第四届"华为杯"全国大学生智能设计竞赛	二等奖	翁明辉、蔡天赐
2014	第四届"华为杯"全国大学生智能设计竞赛	三等奖	周星泽、王晓梅、徐子轩、吕骥图
2014	第四届"华为杯"全国大学生智能设计竞赛	三等奖	彭滢、李乐颂、邱立楷、王淑茹
2014	第四届"华为杯"全国大学生智能设计竞赛	三等奖	李文然、张灿、王玮玮、李玲
2014	第四届"华为杯"全国大学生智能设计竞赛	三等奖	陈华杰、邓万超、龚瑞、付迪
2014	第四届"华为杯"全国大学生智能设计竞赛	三等奖	许喆俊、张友力、肖潇
2014	第四届"华为杯"全国大学生智能设计竞赛	三等奖	闫晓珊、尹锐、刘舫

续表

年　份	竞赛项目	奖　项	姓　名
2014	"英特尔杯"大学生电子设计竞赛嵌入式系统专题邀请赛	一等奖	翁明辉、蔡天赐、吴振阳
2014	第七届全国大学生节能减排社会实践与科技竞赛	三等奖	张佳俐、王韬、蒋佳莘、游建舟
2014	Spark 开发者大赛	一等奖	洪诗保、吴鸿腾、黄粲、黄守辉、叶馥榕、陈佳晶、尤镇、陈晓锋
2014	2013—2014 德州仪器（TI）DSP 及嵌入式设计大奖赛	三等奖	丁冰冰、林金峰、黄志超、曹磊、仇凌锋、刘文涛
2014	第十一届"华为杯"全国研究生数学建模竞赛	二等奖	万斌浩、洪舒怡、叶增软
2015	兰州国际水下机器人大赛创意设计组	一等奖	张雷
2015	美国大学生数学建模竞赛	一等奖	邱泽宇、杨昭川、王婷
2015	美国大学生数学建模竞赛	一等奖	唐珊、施翠婷、王芹
2015	美国大学生数学建模竞赛	一等奖	黄亚楠、胡润山、李圣南
2015	美国大学生数学建模竞赛	二等奖	许乐、王汕、林文威
2015	美国大学生数学建模竞赛	二等奖	杨溢哲、高博、郑君健
2015	美国大学生数学建模竞赛	二等奖	王皓鑫、邵诚道、林鹏凯
2015	美国大学生数学建模竞赛	二等奖	叶超林、李心悦、戴灿煌
2015	美国大学生数学建模竞赛	二等奖	艾杨、董安澜、刘新钰
2015	美国大学生数学建模竞赛	三等奖	曾爱玲、江惠娟、陈学文
2015	美国大学生数学建模竞赛	三等奖	洪建操、曾松
2015	美国大学生数学建模大赛	三等奖	杨馨茹、Cui Jianyi、Chen Tiantian
2015	Ghosts Challenge	冠军	罗睿铭
2015	中美青年创客大赛	二等奖	吴帝宏
2015	中美青年创客大赛	三等奖	石有豪

续表

年　份	竞赛项目	奖　项	姓　名
2015	第十四届"挑战杯"中航工业全国大学生课外学术科技作品竞赛	三等奖	周涛、张开爽、薛团辉、李文卓、李世冲、戚宇轩、程飞、黄疆
2015	全国大学生电子设计竞赛	二等奖	吴日升、吴少俊、徐景鑫
2015	全国大学生电子设计竞赛	二等奖	陈学文、叶超林、戴灿煌
2015	"高教社"全国大学生数学建模竞赛	二等奖	武文娟
2015	"高教社"全国大学生数学建模竞赛	二等奖	陈靖国
2015	"高教社"全国大学生数学建模竞赛	二等奖	陈海鹏
2015	"高教社"全国大学生数学建模竞赛	二等奖	黄嘉亮、王正瑛、何孔煜
2015	第六届全国大学数学竞赛决赛	二等奖	艾杨
2015	第十届全国大学生"飞思卡尔"杯智能汽车比赛	一等奖	彭荣茂、孙城、王子叶、陈辉、黄诗镇
2015	第十届全国大学生"飞思卡尔"杯智能汽车比赛	一等奖	王鹏鹏、胡天林、郑鹏、文鹏、林霞
2015	第十届全国大学生"飞思卡尔"杯智能汽车比赛	二等奖	董新帅、游俊鸿、周学、黄璐、刘丹丹
2015	第五届华为杯智能设计比赛	一等奖	黎汗青、张雷、于彤
2015	第五届华为杯智能设计比赛	二等奖	付一鑫、王彬、魏星
2015	第五届华为杯智能设计比赛	二等奖	郭文超、赵欣叶、黎克维
2015	第五届华为杯智能设计比赛	三等奖	罗睿铭、王泽双、陈伟峰
2015	第五届华为杯智能设计比赛	三等奖	李博伟、吴焕
2015	第五届华为杯智能设计比赛	三等奖	刘翘楚、胡润山、许乐
2015	第五届华为杯智能设计比赛	三等奖	王立民、王策、杨帅
2015	外研社杯英语阅读大赛	全国9.7%	秦瑶
2015	中国大学生程序设计竞赛	铜奖	李与超、董新帅、叶剑鸣
2015	全国大学生物联网设计竞赛	二等奖	翁明辉、丁代宏、石有豪、郭嘉
2015	第六届高校环保科技创意设计大赛	一等奖	翁明辉、丁代宏、郭嘉

续表

年　份	竞赛项目	奖　项	姓　名
2015	全国高校云计算应用创新大赛	一等奖	翁明辉、翁长成、吴焱扬、王欢
2015	首届"追逐科技梦"全国青少年科技创意大赛	二等奖	胥昕昂
2015	首届中国"互联网＋"大学生创新创业大赛	铜奖	张亮、翁明辉、陈盛泉、王子叶、何琪慧
2015	首届中国"互联网＋"大学生创新创业大赛	铜奖	黄冠、郑琳倩、游芸、方琦、陈蕾凝、黄种滨、阮彦钦、尚承阳
2015	ADI 中国大学生创新设计竞赛	国家二等奖	李鹏涛、曹春辉、沈舒莉
2015	全国大学生物联网设计竞赛（TI 杯）全国总决赛	二等奖	翁明辉
2015	全国移动互联创新大赛高校——系统组	二等奖	丁冰冰、仇凌锋、翁明辉
2015	第三届"新尚杯"全国高校大学生创新创业邀请赛	三等奖	张亮、翁明辉、林陈聘
2015	第九届国际大学生创新创业大赛中国赛区总决赛	二等奖	翁明辉、丁代宏、郭嘉
2015	"北科建杯"全国移动互联创新大赛	三等奖	胥昕昂
2015	第五届"皮赛杯"全国大学生信息技术创新应用大赛	三等奖	胥昕昂
2015	首届"追逐科技梦"全国青少年科技创意大赛	二等奖	胥昕昂
2016	ACM-ICPC 亚洲赛区北京站	铜奖	邓奭炎、陈亦弘、吴生森
2016	ACM-ICPC 亚洲赛区大连站	银奖	卢烜、王志豪、陈剑峰
2016	ACM-ICPC 亚洲赛区青岛站	铜奖	卢烜、王志豪、陈剑峰
2016	ACM-ICPC 亚洲赛区沈阳站	铜奖	李泽霖、韩泽宇、游榕鑫
2016	美国大学生数学建模竞赛	二等奖	纪艺玮、彭燰瑶、姜友捷
2016	美国大学生数学建模竞赛	二等奖	叶超林、李心悦、戴灿煌
2016	美国大学生数学建模竞赛	二等奖	陈曦、吴郑源、王毅

年　份	竞赛项目	奖　项	姓　名
2016	美国大学生数学建模竞赛	三等奖	黄舒晨、王彦杰、胡志芳
2016	美国大学生数学建模竞赛	三等奖	盛葛怡、夏继、宋国鑫
2016	美国大学生数学建模竞赛	三等奖	薛灿东、方仪、唐维奕
2016	美国大学生数学建模竞赛	三等奖	林泽宇、郑佳兰、钟鑫玥
2016	美国大学生数学建模竞赛	三等奖	陈学文、曾爱玲、江惠娟
2016	美国大学生数学建模竞赛	三等奖	张伟韦、胡志男、潘廷哲
2016	美国大学生数学建模竞赛	三等奖	陈静致
2016	美国大学生数学建模竞赛	三等奖	姚智鑫、郭刚、吴思远
2016	美国大学生数学建模竞赛	特等奖 （outstanding winner）	黄瑜薇、江惠娟、刘雨晨
2016	美国大学生数学建模竞赛	特等奖 提名奖 （Finalist）	陈祖焰、陈开熠、陈安之
2016	美国大学生数学建模竞赛	一等奖	郑琦鸿、元铭、林屾
2016	美国大学生数学建模竞赛	一等奖	孙越、王子叶、杨斯琪
2016	美国大学生数学建模竞赛	一等奖	潘婧、洪赓、于劲炜
2016	美国大学生数学建模竞赛	一等奖	杨馨茹、章杨、张志超
2016	美国大学生数学建模竞赛	一等奖	陈海鹏、何维晟、何艺婷
2016	美国大学生数学建模竞赛	一等奖	杜天宇、于秀运、杨安琪
2016	美国大学生数学建模竞赛	一等奖	郑文俊、肖志鹏、常卿云
2016	美国大学生数学建模竞赛	一等奖	吴煜、黄蓉婷、朱晓蓉
2016	中美青年创客大赛	一等奖、 最佳人气奖	袁璐璐、王春飞、詹先通、林翔、蔡海辉
2016	中美青年创客大赛	优胜奖	李英男、叶超林、翁承志、李心悦、周炜钰
2016	"华为杯"第十三届全国研究生数学建模竞赛	三等奖	姚雨晨、叶小泉

年　份	竞赛项目	奖　项	姓　名
2016	"华为杯"第十一届中国研究生电子设计竞赛	二等奖	魏颖斌、张杰、魏铮
2016	"华为杯"第十一届中国研究生电子设计竞赛	三等奖	魏颖斌
2016	"华为杯"第十一届中国研究生电子设计竞赛	三等奖	吴军华、蔡雅琼
2016	"下沙杯"第二届全国研究生移动终端应用设计创新大赛	二等奖	翁明辉、郭嘉、杨华裕、杨江河
2016	"下沙杯"第二届全国研究生移动终端应用设计创新大赛	二等奖	张源
2016	"下沙杯"第二届全国研究生移动终端应用设计创新大赛	三等奖	李佩茜、沈艺珊
2016	"下沙杯"第二届全国研究生移动终端应用设计创新大赛	一等奖	胡梦婷
2016	"英特尔杯"大学生电子设计竞赛嵌入式系统专题邀请赛	三等奖	郑经炜、郑文俊、叶超林
2016	ACM-CCPC 杭州赛区	优胜奖	王若宇、洪赓、陈义勇
2016	ACM-CCPC 合肥赛区	铜奖	邓奭炎、陈亦弘、吴生森
2016	ACM-CCPC 长春赛区	铜奖	李泽霖、韩泽宇、游榕鑫
2016	ACM-CCPC 总决赛（宁波）	铜奖	李泽霖、韩泽宇、游榕鑫
2016	NEXT IDEA 智能硬件大赛	三等奖	翁明辉、郭嘉、李汉波、杨江河、陈学林
2016	第二届大学生创业家成长计划总决赛	二等奖	郭嘉、李汉波
2016	第六届"华为杯"中国大学生智能设计竞赛	三等奖	翁明辉、郭嘉、李汉波
2016	第六届"华为杯"中国大学生智能设计竞赛	三等奖	任威风、杨田雨
2016	"创青春"全国大学生创业大赛电子商务专项赛实践类	铜奖	翁明辉

续表

年　份	竞赛项目	奖　项	姓　名
2016	第十届国际 iCAN 创新创业大赛 VR/AR 行业赛暨首届"红谷滩杯"VR/AR 创新创业大赛	优秀奖	翁明辉、郭嘉、李汉波、杨江河
2016	全国大学生数学建模竞赛	一等奖	陈曦、陶星臣、李翀宇
2016	全国大学生数学建模竞赛	一等奖	陈可欣、唐程、罗雨昕
2016	全国大学生数学建模竞赛	一等奖	董皓、段佐林、陈婉欣
2016	全国大学生物联网设计竞赛（TI 杯）全国总决赛	二等奖	翁明辉、郭嘉、李汉波
2016	英特尔嵌入式系统专题邀请赛	三等奖	李汉波、郭嘉、丁代宏
2016	英特尔嵌入式系统专题邀请赛	三等奖	郑经炜、郑文俊、叶超林
2016	青春创客系列活动暨首届医学工程创客专题活动总决赛	三等奖	郭嘉、李汉波
2016	青春创客系列活动暨首届医学工程创客专题活动总决赛	三等奖	翁明辉、郭嘉、李汉波、陈学林、肖扬
2016	全国大学生物联网设计竞赛	二等奖	翁明辉、郭嘉、李汉波
2016	全国大学生物联网设计竞赛	一等奖、百度创新奖	郑经炜、郑文俊、叶超林
2016	百度 & 中国科大 2016 第二届大学生创业家成长计划总决赛	二等奖	翁明辉、郭嘉、李汉波
2016	第二届"BOE 杯"创新挑战赛全国总决赛	最佳方案奖	胥昕昂
2016	第二届中国青年 APP 大赛暨第三届"创青春"中国青年创新创业大赛 APP 专项赛	金奖	郭嘉、李汉波
2016	第二届中国青年 APP 大赛暨第三届"创青春"中国青年创新创业大赛 APP 专项赛创意类	金奖	翁明辉、郭嘉、李汉波
2016	第六届"华为杯"全国大学生智能设计竞赛	二等奖	郑经炜、郑文俊、郑传杨

续表

年　份	竞赛项目	奖　项	姓　名
2016	第六届"华为杯"全国大学生智能设计竞赛	二等奖	那焱、王立民
2016	第六届"华为杯"全国大学生智能设计竞赛	一等奖	孟祥毅、李小禾、杨宇
2016	第六届"华为杯"全国大学生智能设计竞赛	一等奖	徐国硕、张佳男、殷昕
2016	第七届中国大学生服务外包创新创业大赛	三等奖	胥昕昂
2016	第七届中国大学生服务外包创新创业大赛自由命题类	三等奖	翁明辉、郭嘉、李汉波
2016	第三届全国大学生"TI 杯"物联网设计竞赛华南赛区选拔赛	特等奖	胥昕昂
2016	第三届全国大学生网络安全知识竞赛	鼓励奖	胥昕昂
2016	第十届国际大学生 iCAN 创新创业大赛全国总决赛	二等奖	胥昕昂
2016	第十届国际大学生 iCAN 创新创业大赛全国总决赛	二等奖	郭嘉、李汉波
2016	第十届国际大学生 iCAN 创新创业大赛全国总决赛	二等奖	翁明辉、郭嘉、李汉波
2016	第十一届全国大学生"恩智浦杯"智能汽车竞赛	华南赛区电轨组一等奖	刘怡凡、张毅、陈露、胡博爱
2016	第一届"博耳杯"全国大学生创客大赛	优胜奖	胥昕昂
2016	第一届中国女大学生创新创业大赛	创业奖	胥昕昂
2016	全国大学生智能互联创新大赛	一等奖	郑经炜、郑文俊、叶超林、翁承志、杨春林
2016	全国大学生智能汽车竞赛	一等奖	赵越
2016	全国研究生移动终端应用设计创新大赛	一等奖	廖称发、邓洋洋、赵燕宾
2016	首届全国名校广告创意精英赛	银奖	张源

年　份	竞赛项目	奖　项	姓　名
2016	首届全国智能制造（工业 4.0）创新创业大赛	二等奖	翁明辉、郭嘉、李汉波、杨华裕、陈学林
2016	首届全国智能制造（工业 4.0）创新创业大赛	二等奖	郭嘉、李汉波
2017	第 42 届 ACM-ICPC 国际大学生程序设计竞赛亚洲区域赛山东站	金奖	李泽霖
2017	第 42 届 ACM-ICPC 国际大学生程序设计竞赛亚洲区域赛青岛站	金奖	李泽霖、游榕鑫
2017	美国大学生数学建模竞赛	一等奖	康珊娜
2017	美国大学生数学建模竞赛	一等奖	黄若婷
2017	美国大学生数学建模竞赛	一等奖	肖璐菁
2017	全国大学生数学建模竞赛	一等奖	李新阳
2017	全国大学生数学建模竞赛	一等奖	刘明皓
2017	全国大学生数学建模竞赛	一等奖	景运鹏
2017	全国大学生数学建模竞赛	一等奖	李新阳
2017	全国大学生数学建模竞赛	一等奖	李泽霖
2017	NCSC 软件服务创新大赛	一等奖	朱耀
2017	高教社杯中国大学生数学建模	一等奖	李泽霖
2017	美国大学生数学建模竞赛	二等奖	檀锦彬
2017	美国大学生数学建模竞赛	二等奖	黄萍钦
2017	美国大学生数学建模竞赛	二等奖	朱耀
2017	美国大学生数学建模竞赛	二等奖	董皓
2017	美国大学生数学建模竞赛	二等奖	钟鑫玥
2017	美国大学生数学建模竞赛	二等奖	汪家诚
2017	全国大学生数学建模竞赛	二等奖	柳心怡
2017	全国大学生数学建模竞赛	二等奖	刘宇涵
2017	全国大学生数学建模竞赛	二等奖	柳心怡

续表

年　份	竞赛项目	奖　项	姓　名
2017	全国大学生数学建模竞赛	二等奖	马佳利
2017	第 42 届 ACM-ICPC 国际大学生程序设计竞赛亚洲区域赛南宁站	银奖	吴穹
2017	第 42 届 ACM-ICPC 国际大学生程序设计竞赛亚洲区域赛北京站	铜奖	李泽霖、游榕鑫
2017	华为杯全国大学生智能设计竞赛	二等奖	王雨博
2017	华为杯全国大学生智能设计竞赛	三等奖	汪家诚
2017	ISG 2017"观安杯"管理运维赛教育组	三等奖	陈恒毅
2017	"美亚杯"第三届全国电子数据取证竞赛	三等奖	陈禹睿
2017	第四届全国高校移动互联网应用开发创新大赛安全赛	二等奖	陈恒毅
2017	ACM East Continent League Final 上海	铜奖	李泽霖、游榕鑫
2018	第四届中国"互联网＋"大学生创新创业大赛	金奖	张德富
2018	美国大学生数学建模竞赛	一等奖	李新阳
2018	美国大学生数学建模竞赛	二等奖	刘丽莹
2018	美国大学生数学建模竞赛	二等奖	闫旭
2018	美国大学生数学建模竞赛	二等奖	夏蕴文
2018	美国大学生数学建模竞赛	二等奖	张雯雯
2018	美国大学生数学建模竞赛	二等奖	马佳利
2018	美国大学生数学建模竞赛	二等奖	吕晓彤
2018	美国大学生数学建模竞赛	三等奖	钱颖琦
2018	美国大学生数学建模竞赛	三等奖	钱佳佳
2018	全国高校云计算应用创新大赛	二等奖	朱耀
2018	中国大学生计算机设计大赛软件应用与开发类	三等奖	李泽霖

续表

年　份	竞赛项目	奖　项	姓　名
2018	团中央"互联网＋教育进城村"实践活动	优秀团队	何幕、耿梦娇、代明亮、龚盛豪
2018	全国大学生网络文化节	二等奖	沈梓豪
2018	ACM-ICPC 中国大学生程序设计竞赛暨丝绸之路程序设计竞赛	银奖	李远航

第五部分　学术成就

学院长期重视教师和研究人员科研能力的培养和提升。2013年以来,学院教师和研究人员在各种学术评奖中获得优异的成绩,包括福建省科技进步奖一等奖在内的各种有影响力的奖项。2013年以来,教师和研究人员在论文发表和专著出版方面也成绩突出,部分学院教师编写的教材类著作被许多高校采用。与此同时,除各种重大项目外,学院每年在国家自然科学基金面上项目和青年项目方面均收获颇丰,反映了以中青年教师为代表的团队活跃的学术氛围和强大的科研实力。

一、信息学院获奖学术成果一览（2013年至今）

2015年

[1]黑龙江省高校科学技术奖一等奖　纪荣嵘

项目名称:视觉底层特性与高层语义对应性研究

[2]第三届全国激光雷达大会激光扫描数据处理大赛优胜奖　罗欢、宰大卫、杨壮

指导教师:王程

项目名称:基于移动测图点云的道路场景标准

[3]黑龙江省科学技术奖二等奖　纪荣嵘

项目名称:视觉底层特性与高层语义对应性研究

2016年

[1]福建省科技奖一等奖　石江宏、陈凌宇、洪学敏

项目名称:智能化多媒体通信系统及终端关键技术研发与产业化

[2]厦门市科技奖一等奖　石江宏、陈凌宇、彭敖、郑灵翔、陈根潮、林世俊

项目名称:北斗二代卫星导航终端设备关键技术研发

[3]厦门市科学技术奖——科技创新杰出人才奖　纪荣嵘

[4]福建省科学技术奖二等奖(参与)　王博亮

项目名称:原发性肝癌的创新研究及关键技术的转化应用

[5]厦门市科技奖二等奖(参与)　黄晓阳、王博亮

项目名称:二尖瓣脱垂多平面经食管超声亚区序列切面研究

[6]厦门市科技奖二等奖(参与)　洪青阳

项目名称:智能化声纹检测技术及其应用

[7]厦门市科技进步奖二等奖(参与)　张仲楠

项目名称:天锐绿盾基于全闭环式信息安全管理平台的研发与产业化

2017 年

[1]福建省科技进步奖一等奖　石江宏、陈凌宇、彭敖、陈根潮

项目名称:北斗二代卫星导航终端设备关键技术研发

[2]福建省自然科学奖　肖亮、黄联芬、程恩、唐余亮

项目名称:无线网络物理层安全博弈研究

[3]2017 年度中国有色金属工业科学技术奖一等奖　姚俊峰(5/20)

项目名称:大型"双闪"铜冶炼系统节能关键技术的研发与应用

[4]福建省科技进步三等奖(参与)　黄悦

项目名称:智慧云交通系统

2018 年

[1]福建省科技进步奖一等奖　王程、范晓亮、臧彧、陈龙彪

项目名称:城市交通多元感知与智能计算的研究和推广

[2]福建省科技进步奖一等奖　纪荣嵘

项目名称:跨媒体舆情感知理论与关键技术

[3]福建省自然科学奖三等奖　李军、陈一平、温程璐、程明

项目名称:三维点云智能化目标检测的理论与方法

[4]第八届吴文俊人工智能自然科学三等奖　肖亮

项目名称:基于机器学习的网络安全技术研究

[5]第二届中国通信学会青年科技奖　肖亮

［6］第二十五届运盛青年科技奖　纪荣嵘

［7］福建省科技进步奖三等奖　姚俊峰（2/10）

项目名称：用于企业产品设计的云平台关键技术研发与应用

［8］安徽省科技进步奖二等奖　姚俊峰（2/10）

项目名称：大型铜闪速冶炼系统节能关键技术的研发与应用

［9］福建省医学科技奖（参与）　黄晓阳、王博亮

项目名称：二尖瓣脱垂多平面经食管超声亚区序列切面研究

［10］厦门市科技进步奖　李绍滋

项目名称：基于视频的海面目标智能识别技术

二、信息学院历年主要著作与论文一览（2013 年至今）

主要著作和论文

2013 年

［1］Gao Y，Wang M，*Ji R，Wu X，Dai Q，2013 online. 3-D Object Retrieval with Hausdorff Distance Learning. IEEE Transactions on Industrial Electronics.（JCR 一区）

［2］*Hong X，Jie Y，Wang C，Shi J，Ge X，2013. Energy-Spectral Efficiency Trade-Off in Virtual MIMO Cellular Systems. IEEE Journal on Selected Areas in Communications.（JCR 一区）

［3］Li X，Dick A，Shen C，Hengel A，*Wang H，2013. Incremental Learning of 3D-DCT Compact Representations for Robust Visual Tracking. IEEE Transactions on Pattern Analysis and Machine Intelligence.（JCR 一区）

［4］杨律青，2013.C♯程序设计.上海交通大学出版社,中国,上海.

2014 年

［1］Chen K，Ma M，Cheng E，Yuan F，Su W，2014. A Survey on MAC Protocols for Underwater Wireless Sensor Networks. IEEE Communications Surveys and Tutorials.（JCR 一区）

［2］Yao J，2014. Cloud Computing and Digital Media：Fundamentals,

Techniques，and Applications. CRC Press，Taylor ＆ Francis Group.

2015 年

［1］Jiang M，Huang W，Huang Z，Yen G，2015. Integration of Global and Local Metrics for Domain Adaptation Learning Via Dimensionality Reduction. IEEE Transactions on Cybernetics.（JCR 一区）

［2］Ji R，*Gao Y，Liu W，Xie X，Tian Q，Li X，2015. When Location Meets Social Multimedia：A Survey on Vision-Based Recognition and Mining for Geo-Social Multimedia Analytics. ACM Transactions on Intelligent Systems and Technology.（JCR 一区）

［3］Guan T，Wang Y，Duan L，*Ji R，2015. On-Device Mobile Landmark Recognition Using Binarized Descriptor with Multifeature Fusion. ACM Transactions on Intelligent Systems and Technology.（JCR 一区）

［4］Zhang L，*Ji R，Xia Y，Zhang Y，Li X，2015. Learning a Probabilistic Topology Discovering Model for Scene Categorization. IEEE Transactions on Neural Networks and Learning Systems.（JCR 一区）

［5］Zhang L，Xia Y，Ji R，*Li X，2015. Spatial-Aware Object-Level Saliency Prediction by Learning Graphlet Hierarchies. IEEE Transactions on Industrial Electronics.（JCR 一区）

［6］Fan X，Hu Y，Li J，Wang C，2015. Context-Aware Ubiquitous Web Services Recommendation Based on User Location Update. International Conference on Cloud Computing and Big Data.（CBBD 2015 Best Paper Nominated）

［7］Chen B，Zeng W，Lin Y，Zhang D，2015. A New Local Search-Based Multiobjective Optimization Algorithm. IEEE Transactions on Evolutionary Computation.（JCR 一区）

2016 年

［1］Xin S，Levy B，Chen Z，Chu L，Yu Y，Tu C，Wang W，2016. Centroidal Power Diagrams with Capacity Constraints：Computation，Applications，and Extension. ACM Transactions on Graphics.（JCR 一区）

［2］姚俊峰,黄孕宁,庄锦龙,2016.工业创意设计理论与实践.科学出版社,

中国,北京.

2017 年

［1］Zeng K，Yu J，Wang R，* Li C，Tao D，2017. Coupled Deep Autoencoder for Single Image Super-Resolution. IEEE Transactions on Cybernetics. DOI：10.1109/TCYB.2015.2501373(JCR 一区)

［2］Chai J，Chen B，Liu F，Chen Z，* Ding X，2017. Multiple-Instance Feature Extraction at the Bag and Instance Levels Using the Maximum Trace-Difference Criterion. Information Sciences. (JCR 一区)

［3］Zai D，* Li J，Guo Y，Cheng M，Huang P，Cao X，Wang C，2017. Pairwise Registration of TLS Point Clouds Using Covariance Descriptors and a Non-cooperative Game. ISPRS Journal of Photogrammetry and Remote Sensing. (JCR 一区)

［4］* Ji R，Liu W，Xie X，Chen Y，Luo J，2017. Mobile Social Multimedia Analytics in the Big Data Era：An Introduction to the Special Issue. ACM Transactions on Intelligent Systems and Technology. (JCR 一区)

［5］Jiang M，Huang Z，Qiu L，Huang W，* Yen G，2017 online. Transfer Learning based Dynamic Multiobjective Optimization Algorithms. IEEE Transactions on Evolutionary Computation. (JCR 一区)

［6］Jiang M，Qiu L，Huang Z，* Yen G，2017. Dynamic Multi-Objective Estimation of Distribution Algorithm Based on Domain Adaptation and Non-parametric Estimation. Information Sciences. (JCR 一区)

［7］* Zhao C，Huang L，Zhao Z，Du X，2017. Secure Machine-Type Communications toward LTE Heterogeneous Networks. IEEE Wireless Communications. (JCR 一区)

［8］* Xiao L，Xu D，Xie C，Mandayam N，Poor H，2017. Cloud Storage Defense Against Advanced Persistent Threats：A Prospect Theoretic Study. IEEE Journal on Selected Areas in Communications. (JCR 一区)

［9］Lin F，Zeng J，Xiahou J，Lin S，Zeng W，Lv H，2017. Multi-Objective Evolutionary Algorithm Based on Non-Dominated Sorting and Bidirectional Local Search for Big Data. IEEE Transactions on Industrial Informatics.（JCR 一区）

［10］McLeod J，Luo X，Reichl T，Peters T，Mori K，Uhl A（Editors），2017. Computer-Assisted and Robotic Endoscopy. Springer.

［11］罗雄彪,2017.数字医学概论习题集.人民卫生出版社,中国,北京.

［12］冯寅,2017.计算机音乐.科学出版社,中国,北京.

［13］姚俊峰,张俊,阙锦龙,等,2017.3D 打印理论与应用.科学出版社,中国,北京.

［14］陈启安,腾达,申强,2017.网络空间安全技术基础.厦门大学出版社,中国,厦门.

［15］陈启安,腾达,申强,2017.网络空间安全技术实验.厦门大学出版社,中国,厦门.

2018 年

［1］* Wang H，Xiao G，Yan Y，Suter D，2018. Searching for Representative Modes on Hypergraphs for Robust Geometric Model Fitting. IEEE Transactions on Pattern Analysis and Machine Intelligence.（JCR 一区）

［2］* Xie Y，Tao D，Zhang W，Liu Y，Zhang L，Qu Y，2018. On Unifying Multi-View Self-Representations for Clustering by Tensor Multi-Rank Minimization. International Journal of Computer Vision.（JCR 一区）

［3］Guo G，* Wang H，Zhao W，Yan Y，Li X，2018. Object Discovery Via Cohesion Measurement. IEEE Transactions on Cybernetics.（JCR 一区）

［4］Wang C，* Wen C，Hou S，Gong Z，Li Q，Sun X，Li J，2018. Semantic Line Framework-Based Indoor Building Modeling Using Backpacked Laser Scanning Point Clouds. ISPRS Journal of Photogrammetry and Remote Sensing.（JCR 一区）

［5］Xiao L，Wan X，Lu X，Zhang Y，Wu D，2018. IoT Security Techniques Based on Machine Learning：How Do IoT Devices Use AI to Enhance Security? IEEE Signal Processing Magazine.（JCR 一区）

［6］Liu H，* Ji R，Wang J，Shen C，2018. Ordinal Constraint Binary Coding for Approximate Nearest Neighbor Search. IEEE Transactions on Pattern Analysis and Machine Intelligence. Accept.（JCR 一区）

［7］* Dai C，Xiao X，Ding Y，Xiao L，Tang Y，Zhou S，2018. Learning Based Security for VANET with Blockchain. 2018 IEEE International Conference on Communication Systems. (2018 Best Paper Award)

［8］Xiao Y，Chen Z，* Cao J，Zhang Y，Wang C，2018. Optimal Power Diagrams Via Function Approximation. CAD Computer Aided Design. (SPM 2018 Best Paper Award 1st Place)

［9］肖国宝，王菡子（指导教师），2018.基于数据关系的鲁棒几何模型拟合方法研究.（2018 年度"CSIG 优秀博士学位论文奖"）

［10］McLeod J，Luo X，Collins T，Reichl T（Editors），2018. Computer-Assisted and Robotic Endoscopy. Springer.

［11］罗雄彪，2018.数字医学概论习题集.人民卫生出版社，中国，北京.

［12］Xiao L，2018. Reinforcement Learning Based Wireless Communications Against Jamming and Interference. Encyclopedia of Wireless Networks.

［13］Xiao L，Zhuang W，Zhou S，Chen C，2019. Learning-Based VANET Communication and Security Techniques. Springer.

［14］周昌乐，2018.通智达仁.厦门大学出版社，中国，厦门.

2019 年

［1］Li R，Zhu M，Li J，Bienkowski M，Foster N，Xu H，Ard T，Bowman I，Zhou C，Veldman M，Yang X，Hintiryan H，Zhang J，* Dong H，2019. Precise Segmentation of Densely Interweaving Neuron Clusters Using G-Cut. Nature Communications.

［2］Bi S，Lyu J，Ding Z，Zhang R，2019. Engineering Radio Maps for Wireless Resources Management. IEEE Wireless Communications. (JCR 一区)

［3］Luo Z，Li J，Xiao Z，Mou Z，Cai X，Wang C，2019. Learning High-Level Features by Fusing Multi-View Representation of MLS Point Clouds for 3D Object Recognition in Road Environments. ISPRS Journal of Photogrammetry and Remote Sensing. (JCR 一区)

［4］Liu H，Ji R，Wang J，Shen C，2019. Ordinal Constraint Binary Coding for Approximate Nearest Neighbor Search. IEEE Transactions on Pattern Analysis and Machine Intelligence. (JCR 一区)

〔5〕Wang H，Xiao G，Yan Y，Suter D，2019. Searching for Representative Modes on Hypergraphs for Robust Geometric Model Fitting. IEEE Transactions on Pattern Analysis and Machine Intelligence.（JCR 一区）

〔6〕Hong X，Jiao J，Peng A，Shi J，Wang C，2019. Cost Optimization for On-Demand Content Streaming in IoV Networks with Two Service Tiers. IEEE Internet of Things Journal.（JCR 一区）

〔7〕Zeng Y，Lyu J，Zhang R，2019. Cellular-Connected UAV：Potential，Challenges，and Promising Technologies. IEEE Wireless Communications.（JCR 一区）

〔8〕Xu H，Zeng W，Zhang D，Zeng X，2019. MOEA/HD：A Multiobjective Evolutionary Algorithm Based on Hierarchical Decomposition. IEEE Transactions on Cybernetics.（JCR 一区）

〔9〕Ruan J，Wang Y，Chan F，Hu X，Zhao M，Zhu F，Shi B，Shi Y，Lin F，2019. A Life Cycle Framework of Green IoT-Based Agriculture and Its Finance，Operation，and Management Issues. IEEE Communications Magazine.（JCR 一区）

三、信息学院历年主要研究课题一览（2013 年至今）

1.国家项目

国家自然科学基金

获批年度	负责人	项目名称	项目类型
2013	林子雨	基于关键词的关系数据库查询技术研究	青年基金
2013	王大寒	基于多信息融合的自然场景图像中的文本检测和识别方法研究	青年基金
2013	黄悦	基于稀疏表示分类的高内涵筛选显微图像神经突骨架提取研究	青年基金

续表

获批年度	负责人	项目名称	项目类型
2013	苏为	单载波频域均衡水声通信中稀疏信道估计及多通道均衡技术研究	青年基金
2013	王连生	基于高维离散与稀疏性约束的无创心电功能成像研究	青年基金
2013	王德清	基于协作频谱感知的水声传感器网络链路接入跨层设计关键技术研究	青年基金
2013	纪荣嵘	面向视觉大数据搜索的词典学习与特征编码压缩研究	面上项目
2013	曲延云	基于层次化学习算法的大规模目标识别	面上项目
2013	唐余亮	混合车载网络中 QoS 感知的实时多媒体传输路由机制研究	面上项目
2013	王程	融合全波形激光扫描点云与可见光图像的地面近景对象感知	面上项目
2013	王博亮	引入分子影像的肝癌及活体肝移植手术计划与评估设备研究	重大仪器专项基金项目
2013	张海英	面向弱点目标检测的规则集创建研究	青年基金
2013	苏劲松	基于主题模型的枢轴语言统计机器翻译研究	青年基金
2014	李军	融合机载与车载点云的建筑物群快速三维重建方法研究	面上项目
2014	程恩	基于水声传感器网络的移动节点定位的关键技术研究	面上项目
2014	王菡子	鲁棒模型拟合中的关键问题研究及应用	面上项目
2014	孙海信	基于优化的水声信道干扰消除技术研究	面上项目
2014	陈中贵	最优 Voronoi 剖分的理论和应用研究	面上项目
2014	刘向荣	基于核酸系统的复杂分子逻辑电路研究	面上项目
2014	吴素贞	基于固态盘阵列的数据布局和缓存管理策略研究	面上项目
2014	林琛	面向微博的实时事件深度挖掘研究	面上项目

获批 年度	负责人	项目名称	项目类型
2014	林达真	基于多传播信息流博弈的微博谣言自动检测方法 研究	青年基金
2014	林世俊	分布式无线网络中物理层网络编码的性能分析	青年基金
2014	温程璐	室内移动三维测图点云数据的多元质量评价与修补 研究	青年基金
2014	曹刘娟	基于超分辨率迁移学习的卫星遥感图像鲁棒车辆检 测研究	青年基金
2014	高志斌	面向宽带移动无定形小区的海域无线信道建模研究	青年基金
2014	纪荣嵘	多媒体分析与处理	优秀青年 科学基金 项目
2014	毛波	云存储系统中重复数据删除技术研究	青年基金
2014	曾鸣	基于 RGBD 序列的动态物体几何与纹理重建及其数 据集建设	青年基金
2014	张志宏	基于图结构的消化道超声内镜图像分类算法研究	青年基金
2014	黄炜	载体来源失配下图像隐写分析的前馈控制问题研究	青年基金
2015		基于产生式模型的人体行为识别与检测一体化方法 研究	面上项目
2015		引入功能语篇分析的汉英语篇统计机器翻译方法 研究	面上项目
2015		基于内容的大规模近似图像检索及挖掘技术研究	面上项目
2015		基于感知质量驱动的水声图像传输与优化技术研究	面上项目
2015		基于深度学习的人脸识别关键技术研究	面上项目
2015		基于机会推荐的认知无线内容分发网络研究	面上项目
2015		基于部分 K 空间数据子空间分解的贝叶斯非参数压 缩感知 MRI 重建方法	面上项目
2015		引入样本污染分析的光学遥感图像低等级路网提取 研究	青年科学 基金项目

获批年度	负责人	项目名称	项目类型
2015	张哲民	任意网络中的可分数据处理研究	青年科学基金项目
2015	陈柯宇	基于跨层 MAC 协议的水声网络节点定位研究	青年科学基金项目
2015	洪清启	基于隐式建模方法的个性化冠状动脉几何模型重建与再塑研究	青年基金
2016	周昌乐	一种常人参与的脑机融合方法及其在机器舞蹈中的应用	面上项目
2016	张德富	基于 Spark 的并行 Metaheuristic 算法研究	面上项目
2016	江敏	面向异构机器人的进化深度学习及其迁移方法研究	面上项目
2016	肖亮	基于前景理论的无线网络安全博弈理论与机制研究	面上项目
2016	苏为	鲁棒的半盲联合信道估计与均衡单载波远程高速水声通信技术研究	面上项目
2016	王琳	多中继传输模型下的混沌空间调制超宽带通信系统关键技术研究	面上项目
2016	王连生	高精度三维无创心电功能成像中的若干关键问题研究	面上项目
2016	黄悦	基于卷积神经网络和稀疏表示的高通量筛选显微图像特征提取研究	面上项目
2016	雷蕴奇	3D 形变体的保测变换与稀疏流形嵌入识别方法研究	面上项目
2016	陈凌宇	水下传感器网络分布式时间同步方法	青年基金项目
2016	陈一平	多回波地面激光扫描点云的叶簇遮挡目标特性建模	青年基金项目
2016	王程	三维点云视觉感知驱动的大范围户外增强现实理论与方法研究	海峡基金
2016	王菡子	视觉增强与感知的关键技术研究	海峡基金
2016	苏劲松	面向机器翻译的多层次文本嵌入表示学习研究	面上项目
2016	赖永炫	车载网络环境下基于雾计算模式的适应性数据收集技术研究	面上项目

续表

获批年度	负责人	项目名称	项目类型
2017	纪荣嵘	面向两岸热点事件的社交多媒体大数据协同感知与计算	海峡联合基金
2017	温程璐	融合可测点云/多视角图像的大规模对象标记数据集生成方法研究	面上项目
2017	曹刘娟	恶劣环境下遥感图像小目标鲁棒检测算法研究	面上项目
2017	张俊松	融合语义和人类审美认知机理的艺术图案分析与生成	面上项目
2017	高春仙	心声语音通信性能的实时感知方法与关键技术研究	面上项目
2017	付立群	基于非凸优化的无线网络能量效率与资源联合分配的研究	面上项目
2017	林文水	图的谱及相关拓扑指数的极图刻画	面上项目
2017	肖国宝	新型确定性模型拟合方法研究及其应用	青年基金
2017	李昕	大规模复杂异构几何数据的映射与融合技术研究	海外及港澳学者合作研究基金
2017	王晓黎	海量多模态医疗健康数据的有效管理与分析	青年基金
2017	郭诗辉	颗粒介质环境下动画角色的运动仿真研究	青年基金
2017	刘玉宏	基于输出纠错编码的开集多类数据挖掘算法研究	面上项目
2017	毛波	重复数据删除存储系统的可靠性关键技术研究	面上项目
2018	黄耀芬	基于5G移动边缘计算的车联网多域资源优化理论与技术研究	面上项目
2018	曲延云	大规模图像分类中知识驱动的层次化学习研究	面上项目
2018	王菡子	复杂场景下的长程目标跟踪方法研究	面上项目
2018	吴素贞	基于闪存的软硬件协同设计技术研究	面上项目
2018	范晓亮	大规模人群出行的不确定性分析与城市级别人流预测研究	面上项目
2018	曾雅梅	基于质粒和菌落演化的体内计算研究	面上项目

续表

获批 年度	负责人	项目名称	项目类型
2018	程恩	水声传感网络接入理论与关键技术研究	面上项目
2018	李绍滋	大数据场景下基于深度学习的行人再识别方法研究	面上项目
2018	洪青阳	复杂场景下的说话人特征提取及识别研究	面上项目
2018	罗晔	等离子体储备池神经拟态计算研究	面上项目
2018	李军	基于三维点云的高清地图快速语义标注理论与方法研究	面上项目
2018	徐位凯	基于多载波差分混沌调制的稳健水声通信关键技术研究	面上项目
2018	杨帆	SDN 架构下的异构车联网多域资源虚拟化研究	青年基金
2018	肖珍龙	级联非线性动态系统的信号估计频域方法研究	青年基金
2018	张声传	基于生成对抗模型的鲁棒人脸画像合成研究	青年基金
2018	吕江滨	移动网络接入的无人机通信系统建模与干扰管理	青年基金
2018	陈龙彪	基于群智感知的城市出行需求匹配与共享交通调度优化研究	青年基金
2018	罗志明	复杂交通监控场景下的车辆检测及细粒度分类方法研究	青年基金
2019	刘思聪	面向高可靠车联网通信的稀疏干扰消除方法研究	青年科学 基金项目
2019	吴荣鑫	软件崩溃自动化分析的关键技术研究	青年科学 基金项目
2019	孙海信	基于 OFDM 智能联合优化的水声协同通信技术研究	面上项目
2019	臧彧	面向城市微环境模拟的多源点云专题模型生成方法研究	面上项目
2019	高志斌	基于混合云架构的车联网通信与计算资源联合优化研究	面上项目
2019	肖亮	无人机智能抗干扰通信技术研究	面上项目
2019	罗雄彪	智能精准微创介入手术导航系统关键技术研究	面上项目

获批年度	负责人	项目名称	项目类型
2019	赵彩丹	复杂网络环境下射频指纹智能识别理论与技术研究	面上项目
2019	毛波	基于重复数据删除的闪存垃圾回收技术研究	面上项目
2019	赵万磊	大规模视觉实例检索关键技术研究	面上项目
2019	陈中贵	三维不规则图形快速布局方法研究	面上项目
2019	林琛	面向数据偏差的推荐技术研究	面上项目
2019	林凡	在线教育可解释性推荐系统关键技术研究	面上项目

2.大型省部级项目（获批金额 50 万以上）

大型省部级项目（获批金额 50 万以上）

获批年度	负责人	项目名称	项目类型
2013	黄联芬	基于开放业务平台的泛在融合智能家居系统的研制	福建省重点项目
2013	林俊聪	数字可视化互动技术系统集成研发与闽台非遗示范应用	科技部国家科技支撑计划课题
2013	姚俊峰	用于企业产品设计的云平台关键技术研发与应用	福建省科技重大专项
2013	林凡	基于 HD-SDI 信息融合设备的交通感知系统研发及产业化	福建省科技计划重大项目
2013	廖明宏	面向下一代工业设计的手绘式三维设计平台研究	福建省经贸委项目
2014	林俊聪	面向移动互联网的手机动态图快速制作及实时编解码技术研究	教育部-中移动科研基金
2014	吴清锋	大数据背景下高可用云存储系统的研发与产业化应用示范	福建省重点项目
2015	庄卫华	基于物理层增强安全的未来无线通信传输技术研究	科技部 863 计划项目

续表

获批年度	负责人	项目名称	项目类型
2015	林凡	"丝绸之路"新疆文化资源集成与文化旅游综合服务应用示范子课题	科技部国家科技支撑计划课题
2015	高星	基于社会网络的信息融合和非结构化大数据存储技术研究	科技部国家科技支撑计划课题
2015	王备战	"丝绸之路"新疆文化资源集成与文化旅游综合服务应用示范	科技部国家科技支撑计划课题
2015	董槐林	面向三维打印的三维重建与智能编辑云服务平台研发	福建省经贸委项目
2016	王程	中国-东盟海洋大数据综合信息服务平台	国家海洋局项目
2016	刘向荣	海洋生态环境智慧化观测装备研发公共服务平台子项目大型科研仪器智能监测组件	国家海洋局项目
2016	李绍滋	基于深度学习理论中的中医健康管理大数据分析方法与应用	教育部科学技术重大项目
2016	夏侯建兵	基于深度学习技术的图应用能力平台研究	教育部中移动科研基金
2017	纪荣嵘	智能信息提取与知识发现	科技部国家重点研发计划
2017	黄联芬	数字福建物联网通信和体系架构安全技术实验室建设	福建省发改委项目
2017	俞容山	数字福建健康医疗大数据研究所	福建省发改委项目
2017	王程	数字福建城市交通大数据研究所	福建省发改委项目
2017	林坤辉	数字福建城市公共安全大数据研究所	福建省发改委项目
2018	周昌乐	基于舌诊临床大数据的人工智能技术研究与应用	科技部国家重点研发计划
2018	郑灵翔	防欺骗与完好性监测关键技术	科技部国家重点研发计划
2018	孙海信	研发深度学习驱动的多模态识别模型	科技部国家重点研发计划

获批年度	负责人	项目名称	项目类型
2018	李绍滋	以案件为中心的检察业务协同支撑技术研究	科技部国家重点研发计划
2018	姚俊峰	泉州提线木偶数字人偶交互表演与推广	其他部委项目
2018	邓振淼	基于雷达与视频融合的周界安防系统	福建省高校产学合作项目
2018	石江宏	云计算、大数据和物联网技术	福建省重大专项项目
2018	石江宏	海洋渔业物联网综合信息系统及终端关键技术研发	福建省重大专项专题项目
2018	石江宏	福建省智能化无线通信制造业创新中心	福建省经贸委项目
2019	郑灵翔	基于导航信号典型场景的开放测试系统研发	福建省高校产学合作项目
2019	洪学敏	智能边缘计算终端与系统的研发	福建省重大专项专题项目

3.重大横向项目（合同金额100万以上）

重大横向项目（合同金额100万以上）

获批年度	负责人	项目名称	项目类型
2013	高星	数字可视化互动技术系统数据库子系统研制	委托开发
2013	黄联芬	无线视频数字传输技术平台的研制	技术服务
2013	吴清锋	创亿综合业务信息平台	委托开发
2014	黄联芬	无线视频数字传输技术平台的研制	合作开发
2014	陈凌宇	关于成立"厦门铂士莱信息科技有限公司创新实验室"	合作开发
2014	姚俊峰	闪速炼铜企业能效监测评估及优化控制系统的开发与应用（二）	委托开发
2014	石江宏	台达电子企业管理（上海）有限公司创新实验室	技术服务

获批年度	负责人	项目名称	项目类型
2014	郭锋	基于图像紧凑描述与文本深度学习的垃圾信息过滤系统	委托开发
2015	胡晓毅	厦门大学信息科学与技术学院-福建星海通信科技有限公司水声通信研发中心	技术服务
2015	李军	海洋通信与信号处理设备研发	委托开发
2015	李绍滋	厦门大学信息科学与技术学院-深圳赛博优讯智能视觉技术研究中心	技术服务
2015	郑灵翔	厦大-火炬极客空间	技术服务
2015	胡晓毅	水声语音通信机研究	委托开发
2015	逯海	福达新创通讯科技（厦门）有限公司创新实验室	技术服务
2015	雷蕴奇	"海峡云计算与大数据应用研究中心"技术支持服务	技术服务
2015	石江宏	北斗导航采集回放仪开发	委托开发
2015	张仲楠	云计算与大数据相关技术研究	合作开发
2015	雷蕴奇	视频（图片）车辆品牌（号牌）识别系统	委托开发
2015	臧彧	西藏 109 国道格尔木至拉萨段三维激光点云数据采集工程	委托开发
2015	洪学敏	台达厦门分公司创新实验室	技术服务
2015	林凡	基于北斗浮动车载信息融合的车联网大数据应用系统	委托开发
2015	张东站	猪场数据采集与智能分栏集成系统	委托开发
2015	邓振淼	群目标高精度测距测速与分辨技术开发	委托开发
2016	李军	基于静态激光扫描的森林资源调查技术研究	委托开发
2016	洪青阳	语音交互关键技术研究项目	委托开发
2016	黄联芬	宽带无线移动应用技术研究基金	技术服务
2016	洪学敏	新型移动通信内容分发系统关键技术研发	委托开发
2016	李军	健康医疗大数据关键技术研究与应用	委托开发

续表

获批年度	负责人	项目名称	项目类型
2016	程明	基于车载激光扫描的道路标记技术研发	委托开发
2017	毛波	基于 K-V 的 SSD 关键技术研究	委托开发
2017	温程璐	漳州开发区高精度三维重建及在线全息展示技术研发	委托开发
2017	郑灵翔	多源融合导航定位关键技术研发	合作开发
2017	林凡	数字城市与物联网研究中心	合作开发
2017	李军	基于激光扫描的室内停车场建模技术研究	委托开发
2017	黄联芬	物联网应用技术研究基金	技术服务
2017	邓振淼	雷达多目标处理平台开发	委托开发
2017	孙海信	海洋观测中继平台关键技术研究	委托开发
2017	杨双远	厦门大学软件学院-智慧体育研究中心	技术服务
2018	彭敖	福达新创通讯科技(厦门)有限公司创新实验室	技术服务
2018	纪荣嵘	基于移动终端的实时室内物体语义分割网络及其压缩与加速技术合作项目	委托开发
2018	张东站	布咔智慧停车厦门大学信息科学与技术学院研发中心	共建平台
2018	邓振淼	雷达传感器技术开发	委托开发
2018	纪荣嵘	基于硬件约束的异构加速技术合作项目	委托开发
2019	洪学敏	智能化 PCB 钻机管理及数据分析系统研发	委托开发
2019	林凡	厦门易判-厦门大学软件学院数字法律与人工智能研究中心	共建平台
2019	曹刘娟	基于视频的人脸识别技术合作项目	委托开发
2019	黄联芬	厦门大学信息科学与技术学院-厦门华方软件科技有限公司的物联网应急管理平台信息技术联合实验室	共建平台
2019	杨律青	智能化的人脸识别大数据平台	委托开发

获批 年度	负责人	项目名称	项目类型
2019	丁兴号	厦门大学信息科学与技术学院-厦门蓝斯通信人工智能驾驶联合实验室	共建平台
2019	俞容山	厦门艾德生物医药科技股份有限公司-厦门大学健康医疗大数据国家研究院联合实验室	共建平台
2019	罗雄彪	人工智能精准腹部脏器分割技术	委托开发
2019	张贻雄	厦门大学信息学院-厦门市巨龙软件工程有限公司毫米波雷达联合实验室	共建平台

附

录

一、关于建立厦门大学计算机科学系的建议

数学系　林坚冰　张平
1980 年 9 月 6 日

序

　　电子计算机是四化的一个关键性设备,它是标志一个国家科学技术水平的重大项目。

　　"计算机科学系"就是为培养电子计算机理论研究及科学实验人才而设置的新兴科系。它研究计算机的算法理论计算机语言的编译理论和实践、计算机系统软件的构成理论以及计算机应用的基础理论。例如,以数值计算为主的计算方法的研究已形成一个分支,以工业生产或航天工程所需的自动控制理论也形成一个分支,又以建立数据库而设立的数据处理也形成一个分支,等等。

　　图示如下:

```
                    ┌ 算法理论的研究
                    │ 编译理论的研究
                    │ 系统软件的研究
       计算机科学系 ┤                      ┌ 数值计算
                    │ 计算机应用基础理论 ┤ 自动控制
                    └                      └ 数据处理
```

我校建立计算机科学系的必要性和可能性

有如下根据：

1.四化的需要

进入 70 年代以后，不管哪个领域都受到计算机应用的影响和冲击。尤其近年来微型计算机的出现，使计算机渗透到国民经济的各个领域。有人统计过，目前应用电子计算机总共有 2300 多个部门和领域。

大的工程，如洲际导弹上天，一秒钟也少不了计算机。

小的工程，如家庭电子厨房，也是由电脑控制。

在这种形势下，使我国普及计算机知识及推广使用计算机是高等学校的一项重要任务。

为此，我们的学校也要培养许多计算机科学系和计算机工程师为四化服务，首要是输送人才。

2.参照其他重点大学的经验

1979 年，我国成立了"计算机总局"；1980 年，又成立了"计算机委员会"，说明国家对计算机事业的热切关心。

据调查的结果：全国几乎所有综合大学、工科院校都办起了计算机科学系。

例如：北大　　　　　办了"计算机科学技术系"

　　　复旦　　　　　办了"计算机科学系"

　　　南京大学　　　办了"计算机科学系"

　　　吉林大学　　　办了"计算机科学系"

特别是福州大学将把数学系改为计算机科学工程系。

这是由于计算机科学技术人才的缺乏，尤其是计算机软件人员的奇缺（目前世界上软件与硬件人员的比例是 4：1），社会的需求，推动了计算机科学系的建立。

3.国内各部局的希望

我们国家建立了许多工业生产的部，如石油部，化工部，一机部，以及教育部，都曾多次向我校提出计算机人才培养的要求。我校也曾长期和他们挂钩联系。

1974 年，我校数学系曾为石油部引进的一套石油勘探设备翻译大量计算机资料。石油部开发司和教育局也多次表示希望我们向他们输送计算机人才。

1976 年,我校数学系曾为一机部生产的计算机 CK-710 机配了计算机软件——BASIC 解释程序。一机部还多次希望我们接受他们更多的任务及培养更多的计算机人才。

四机部及计算机总局也多次通过口头,希望我们能早日建立计算机科学系,为计算机事业输送人才。

迫切感——中央许多部、局都热切希望我校有一批专业人才,并培养许多计算机人才输送到四化的各个部门。

4.省内各单位的要求

省水电局认定我省水力资源是全国最丰富的省份,将建立许多水电站。但水电、热电构成的电网就得靠电子计算机控制,希望建立一个最优运行的电网,省水电局已要求我们提供计算机科学人才。

目前,我省已建立几个计算机站点,省科委,福大,省工民建,华大。我们厦门大学在国内是重点大学,在东南亚是一所很有影响的大学,也有必要建立一支出色的计算机科学技术队伍。

5.本校各理科系的希望

近年来,随着数学的发展,尤其是应用数学的迅速发展,计算机科学成为数学与应用科学的桥梁。系统工程学的诞生,由于和计算机科学配合取得许多重要成就,有人把南水北调工程看作一个系统工程,如何制订一个最优方案,就要依靠数学的分析和大型计算机的计算才能得以解决。数学系就有一批教师从事大系统及最优控制的研究,他们也等待有计算机科学人员一起配合解决一些大的理论和实践的问题。宇航飞行器及舰艇航行轨迹的预测和定位都需要依靠电子计算机进行大量的数据处理。而这一切都需要研究相关的计算方法,研究快速、小容量的计算方法来适应新课题的需要。

定理证明向来是数学系的主要理论探索课题,近来由于计算机的普及,已有人用计算机进行定理证明。甚至美国人把整本微积分的定理证明用 APL 语言(计算机语言的一种)表达出来。

化学系是我校力量较强的科系,催化专业和电化专业等有许多计算课题需要计算机科学系配合搞科研。例如,量子化学计算中,已有计算一个有 100 个原子的分子轨道能量分布,若用人去计算几乎一生也算不出来。近年来,我们用计算机计算只要 1~3 小时就解决了。电化反应过程动力学也提出了许多计算任务。

现代的科学研究强调大协作,只有化学、物理、数学、计算机科技人员共同配合才有可能攻下新的课题。

6.本校文科各系的要求

我校经济系是有悠久历史的大系,近年来出现了经济管理学科,如质量控制、存货管理、数量分析、生产报表的制定,上述种种课题都需要依靠计算机及计算机科学人员的配合才能搞得起来,替国家或生产企业、人民公社制定各种各样的最佳规划。

具体地说,经济学理论方面,综合平衡、线性规划、投入产出表就要用计算机程序来给出答案。

我校中文系有语言学,包括方言调查,外文系有英语、日语、俄语、法语,南洋研究所有东南亚语系、西班牙语种……他们议论能否用计算机搞一个自动翻译的翻译机呢?香港中文大学就搞了不少计算机翻译论文和书的工作。

我校历史系也别具一格,研究历史可以利用计算机来存放历史资料和检索历史事件。

图书馆存书 130 多万册,更有待依靠计算机实现管理的现代化。

7.本校各种仪器设备配计算机

微型计算机的出现使仪器设备推向数字化及电脑化。

我校各种较先进的仪器设备不少,今后还将不断引进先进设备,都配上计算机,就算每台一人,全校也须 20～30 人,包括软件和硬件人员。

8.可能性

厦大数学系原来就有一批包括计算机软件、计算机硬件的人员,原有设立"计算机软件教研室""计算机硬件教研室"。另外还有一些计算机应用方面的师资队伍,像"控制理论专业""计算数学专业"等都为建立计算机科学系创造条件。

数学系以外,也有一些有经验的计算机人才,如物理系廖佩芸等六七人1958 年参加中国科学院计算技术研究所第二期培训班,学习一至三年。厦大数学系在数学界是力量雄厚、学科齐全的系,包括几何、代数、函数论、微分方程、概率论,这都为建立计算机科学系提供有利条件和支援的力量。

我们还可以和中国科学院及其他院校联系,请他们支援我们建立计算机科学系,尤其是支援师资队伍。

9.建议

(1)用 10 万元左右的人民币,尽速购买一台中小型计算机作为教学、科研之用。这一台计算机主要用于培养师资、科研。

(2)先搭起"软件专业",筹备 1981 年招生 30 名。

(3)计算机科学系可考虑设置以下专业:

$$
计算机科学系 \begin{cases} 计算数学专业 \\ 软件专业 \\ 计算机应用专业(控制论) \end{cases}
$$

(4)与催化、电化协作搞科研,推广应用计算机,同时开展软件研究。

(5)结合当前校内外科研任务,开展计算方法、应用数学、软件的研究。可以适当承担国内部局的任务。

(6)组织少量人员筹办计算机科学系。

二、厦门经济特区、厦门大学新技术开发研究所暂行条例

为适应厦门特区和福建省对外开放的需要,促进经济和科学技术的发展,经福建省人民政府一九八六年四月二十三日闽政(1986)综 171 号文件批准,建立厦门经济特区、厦门大学新技术开发研究所(以下简称新技术开发研究所)。现制订以下暂行工作条例。

一、新技术开发研究所由省和厦门市一次性各批给事业编制十名,由厦门大学延聘和管理;实行一套人马,使用两个牌子(即"厦门大学新技术开发研究所""厦门经济特区新技术开发研究所")。

二、新技术开发研究所以新技术开发为主,逐步办成科研型经济实体,为厦门经济特区和全省提供技术开发和有偿转让服务。它将充分发挥厦门大学综合性多学科的优势,既着重开发重大关键技术和有竞争能力的高级技术,同时,也将适应社会需要,帮助企业开发适用技术,解决生产中急需解决的问题。研究所除承担新技术开发方面的任务外,还要紧密结合教学与科研开展工作,为培养高质量人才做出贡献。

三、新技术开发研究所的具体任务是：

1.新技术、新产品的研究、开发；

2.引进仪器、设备的消化、吸收和创新；

3.进口仪器、设备零部件的国产化；

4.新技术的咨询；

5.其他。

四、新技术开发研究所的工作包括以下环节，即科研项目的选定、实验室阶段的研究、实验工厂阶段的研究，开展横向联系，将实验阶段转化为小批量试产。随着事业的发展，应积极考虑建立附属实验工厂。

五、新技术开发研究所由厦门市政府和厦门大学领导协商，从专业人员中任命所长一人，副所长一至二人，并按精简原则，设立下属分工机构和配备少量行政人员。

六、新技术开发研究所一切对外业务均需收取费用，实行有偿服务。

七、新技术开发研究所的经济收入纳税问题，按照一九八六年四月一日财政部《关于对科学技术研究机构收入征税的暂行规定》及市人民政府有关规定处理。

八、新技术开发研究所要加强经济管理，无论是科研项目的选定，技术成果的转让推广，以及对外咨询服务，都要考虑经济效果，实行技术经济责任制和经济验收。

九、新技术开发研究所系开放型机构，要加强和市内外、海内外有关单位的联系、协作，在自愿结合、平等互利的条件下共同承担攻关任务。

十、新技术开发研究所相当于厦门大学系一级建制，全部人员为厦门大学人员，其管理纳入校人员管理轨道。研究所人员的考核、职称聘任、工资福利待遇等按学校统一标准办理。

以上暂行工作条例经厦门市人民政府和厦门大学批准后执行。

一九八六年十月二十八日

三、厦门大学关于试办示范性软件学院的申请报告

国家计委：

　　为了满足福建省、厦门市信息技术产业和厦门大学信息科学发展的需要,根据《国务院办公厅关于进一步完善软件产业和集成电路产业发展政策有关问题的复函》和《教育部关于试办示范性软件学院的通知》(教高〔2001〕3 号)等有关文件的精神和要求,我校经认真研究和充分论证,特申请试办示范性软件学院(以下简称"软件学院")。

一、厦门大学试办软件学院的必要性

　　改革开放以来(1978—2000 年),福建省的经济总量在全国的位置从第 22 位上升到第 11 位,国内生产总值从第 22 位上升到第 6 位,福建经济之所以能保持快速发展的良好势头,信息产业发挥了重要作用。2000 年,福建信息产业完成工业总产值 739 亿元,福建省信息产业的发展程度在全国各省市中位居前列。"九五"期间,全省信息产业连续 5 年位居全省工业系统首位,已形成包括通信导航、计算机及其外部设备、家用电器、电子元器件、网络应用产品以及软件和集成电路等门类较为齐全的产业体系。可以说福建的信息产业已成为福建经济发展的主导产业,是福建省国民经济的重大增长点,其发展程度在全国各省市中位居前列。厦门市信息产业,其在软件产业方面发展迅猛,厦门软件园是国家火炬计划软件产业化基地,目前全市从事软件开发的企业已达到 630 多家,软件产业产值年年翻番,已形成了在通讯软件、网络安全软件、城市信息化软件、设计软件等领域具有相对优势的产业基础。福建省、厦门市的"十五"计划中,确定信息产业是省市重点开发的支柱产业,发展信息产业是带动省市产业优化升级和实现工业化现代化的关键环节和主要举措。因此,试办示范软件学院对于加快省市信息产业的发展具有决定性的意义,符合福建省、厦门市产业政策的要求。

　　福建省、厦门市在大陆对台关系上具有不可替代的地位和作用。台湾地区的信息技术产业是台湾的支柱产业,已有相当规模,在世界上仅次于美日而居第 3 位,已成为全球重要的半导体生产基地之一,其产值位居世界前列,同时也是目前世界上最大的芯片生产基地。近年来台湾信息产业受到台湾岛内人才和市

场的双重影响,面临着产业转移的问题。由于闽台两地地缘、文化、习俗相近,许多台湾企业纷纷把福建省特别是厦门市作为其在大陆投资的首选之地。这是福建省、厦门市发展信息产业的一个有利时机,可通过积极引进台湾信息产业方面的直接投资、先进技术和管理经验等手段,迅速提升省市信息产业发展水平。因此,闽台两地具有良好的信息产业合作基础和发展前景,双方都致力于把福建省、厦门市建设成为大陆和台湾地区信息产业技术,特别是软件产业对接的窗口和平台。目前合作已经取得初步成果:台湾电子信息企业已有 34 家落户福建和厦门,如中华映管、冠捷电子、厦门灿坤,台湾八大软件企业联合在厦门设立的云集软件集团,占据台湾教育软件市场极大份额的火凤凰软件公司等。中华映管(福州)公司 1994 年成立,1999 年便成为全球最大的单色显示管、彩色显示管厂商。冠捷电子(福建)公司 1992 年投产,现在已成为大陆最大的台资企业,2000 年出口额达 6 亿美元。因此,我校示范软件学院有利于促进祖国统一大业的早日实现和海峡两岸信息产业的互动。

福建、江西两省地处我国东南部地区,据悉目前福建、江西两省内的高等院校均未申报软件学院,厦门大学作为在该地区仅有的一所国家重点大学,肩负着"成为我国特别是东南部地区高水平创新人才培养,高新技术研究和成果转化高层次决策咨询的重要基地"(《教育部、福建省人民政府、厦门市人民政府关于重点共建厦门大学的决定》第一条)的历史重任。因此,我校示范软件学院完全符合国家关于软件学院选点应合理布局的原则,必将极大地促进我国东南部地区信息产业的发展。

长期以来,福建省、厦门市与厦门大学具有深厚的共建基础,对我校而言共建的基础在于贡献。因此,我校有责任、有义务通过示范软件学院培养更多高素质的软件人才,为省市的支柱产业提供人才培养和技术创新等方面的服务。

综上所述,我校示范软件学院不仅符合福建省、厦门市产业政策、经济发展的客观要求和国家在软件学院选点时的布局原则,而且有利于巩固我校与省市政府业已存在的共建关系,同时在对台关系上还具有其特殊的意义。

二、厦门大学示范软件学院的可行性

1. 厦门大学具备了培养软件人才的学科优势

我校计算机与信息工程学院是由从事信息工程的相关学科、系组建而成的,是福建省、厦门市电子信息领域高级人才培养应用研究和技术开发研究的重要基地。信息学科在"211 工程"一期建设中被列为重点建设学科,现已圆满完成一期建设任务,并顺利通过验收。在"十五"期间,学校仍将信息学科作为重点发展的学科之一,力争使该学科达到全国一流水平。学院下设计算机科学系、电子工程系、自动化系、ATR(自动目标识别)国防科技重点实验室第六研究室以及厦大新技术研究所。现有计算机应用技术等 7 个硕士点,计算机科学与技术等本科专业。

我校数学系具有悠久的办学历史和辉煌的办学成果,在近 80 年的办学历史中培养出了包括著名数学家陈景润院士、柯召院士、林群院士在内的诸多杰出人才。现有基础数学一个博士点,应用数学、计算数学等 4 个硕士点,数学与应用数学、信息与计算科学等本科专业。

除此之外,我校还可整合物理与机电工程学院、微电子、软件管理、电子商务、网络教育等相关学科和机构的力量,充分发挥综合性大学的优势。

在人才培养方面,具有丰富的培养计算机科学和技术专业人才的经验,培养了大批高质量的信息专门人才。现有在校博士生 17 人,硕士生 64 人,本科生 372 人。已毕业学生中本科生 1636 人,硕士研究生 202 人,博士研究生 26 人。

2. 厦门大学具有一支高水平的培养软件人才的教师队伍

我校计算机与信息工程学院现有专任教师 146 人,其中博士生导师 3 人,教授 11 人,副教授 32 人,具有博士以上学历的有 9 人,在读博士 8 人。数学系现有专任教师 43 人,其中博士生导师 8 人,教授 13 人,副教授 21 人,具有博士以上学历的有 16 人,在读博士 3 人。

近几年来,我校引进了若干在信息学科领域学术造诣精深的专家学者和一批极具发展潜力的年轻博士,为信息科学的进一步发展奠定了良好的基础。

与此同时,我校还积极聘请国内外信息学科的著名学者、院士或企业界知名人士作为兼职教授或客座教授,现有兼职教授 47 人,其中院士 11 人,多为闽籍院士,如陈火旺、张钹、高庆狮、林惠明、闵桂荣、刘应明、林群等,他们对厦门大学有着深厚的感情,愿为厦门大学信息学科的发展贡献力量。这些兼职教授或客座教授每年定期或不定期到我校讲学授课,极大地提升了我校信息学科的水平。

3. 厦门大学具有良好的软件人才培养的办学条件和基础

我校计算机与信息工程学院和数学系现有 8 个院级本科基础教学实验室，10 个系级专业基础实验室，实验用房面积约 5500 平方米，实验设备总价值 2200 多万元人民币。"211 工程"一期仪器专家验收组评审专家们一致认为，该学科的实验室和仪器设备已达到国内领先水平。

厦门市政府已将毗邻厦门市软件园和厦门大学校区的一幅面积约 4 万平方米的用地划拨给我校，作为软件学院的发展用地，日后软件学院的办学条件将进一步得到改善。实质上的合作以及空间上的毗邻，使得厦门市软件园成为软件学院学生理想的实习基地，这对于开展产学研合作教育极为有利。

通过"211 工程"一期建设，我校已建成了国内领先、具有国际先进水平的校园高速信息网络，校园光纤高速主干网由 CISCO 公司两台 GSR12012 电信级路由交换机与八台 CISCO6000 系列企业级交换机等构成，采用高宽带（4G）、高可靠性（主节点都有两条不同地理走向光缆）地主干连接，实现校内所有建筑物千兆到楼的网络支持，千兆接入设备近百台。一流的网络建设使教学现代化成为可能，同时还促进了教学改革的进一步深化。

4. 厦门大学具有与社会力量合作办学的优良传统和丰富经验

福建省、厦门市与教育部共建厦门大学的力度和成效，在中国高等教育界享有很高的声誉。此次我校拟试办软件学院一事，又得到了省市地方政府的大力支持，福建省教育厅表示全力支持厦门大学申报软件学院，厦门市政府除了上述的划拨一幅 4 万平方米地块作为软件学院发展用地，还确定了厦门市软件产业投资发展有限公司（以下简称"厦门软投公司"，该公司负责包括软件园在内的软件产业发展平台的开发建设，同时承担厦门市的软件行业管理职责）作为与厦门大学合作办学的企业，并向厦门软投公司注入 1.5 亿元人民币作为厦门市发展软件产业的扶持资金。软件学院可充分利用这部分资金进行办学。

长期以来我校与当地企业界（包括在福建省、厦门市落户的跨国公司）保持着密切的联系，如与厦门软件园、厦华电子、戴尔（DELL）、福建实达等高新技术企业均有实质性的合作关系。另外，我校还充分发挥对港澳台、东南亚的区位优势，与港澳台、东南亚地区的软件及网络企业也有长期的合作与人才交流，如台湾的智邦科技股份有限公司、新竹软件园、中华资讯软体协会以及新加坡的 Kent Ridge Digital Labs（KRDL）等。

综上所述,我校不仅具备了试办软件学院的学科、师资、办学条件等各方面的条件,而且还具有与社会各界力量合作办学的优良传统和丰富经验,因此我校试办软件学院是完全可行的。

三、厦门大学试办软件学院的办学思路和主要措施

1. 厦门大学软件学院的管理体制

厦门大学软件学院是学校的二级学院,接受学校的直接领导和管理。

2. 厦门大学软件学院的运行机制

厦门大学软件学院采用运作企业化(与厦门市软投公司合作办学)、办学专门化、后勤社会化的运行机制,充分利用社会资金和教育资源,尽快建设高水平高质量的办学条件,开展切实有效的产学研合作教育。

3. 厦门大学软件学院的人才培养目标和模式

(1)人才培养目标:

厦门大学软件学院人才培养目标定位为"培养适应知识经济发展需要、基础扎实、素质全面、具有创新精神的软件与网络开发应用型高科技人才"。主要开展计算机本科和研究生的学历教育,包括高中起点的四年制本科、三年制大专升本科、二年制本科第二学士学位、高中起点的六年制硕士和本科起点的三年制硕士(含软件工程硕士 MSE 和硕士学位进修)、博士、博士后流动站,同时也面向社会开展高层次的继续教育。

(2)人才培养模式:

厦门大学软件学院将建立全新的人才培养模式,培养高素质的软件人才,如使用双语教学,提高学生的国际交流和外语应用能力;动态更新教材,全部建立电子版的教材,并及时更新,与国际 IT 技术发展保持同步;借鉴"1231"教学模式,即 1 学年分成 3 学期,2 学期基于案例的教学,1 学期的企业实践,使每个学生必须有三分之一的时间参加实践教学,在导师的指导下进行项目实践,使学生较早地进行软件开发和创新活动;放宽学习年限限制,实行完全学分制;强化实践环节,实行双导师制(学校导师与企业导师共同指导);强调个性化的教学;利用数字化教学环境,为学生利用信息技术创造条件等。

4. 厦门大学软件学院的师资构成

主要由以下三部分人员构成:(1)本校现有的教师,并对之进行有计划有目的的培训,鼓励优秀骨干教师到国外著名大学进行教学进修学习;(2)兼职教授

和客座教授;(3)国内外知名专家、学者和在信息产业领域富有实践经验的企业家。

5. 建立教学质量监测和保证体系

不断深化教学管理制度的改革,优化教学过程控制,建立用人单位、教师、学生共同参与的教学质量内部评估和认证机制,建立有利于加强提高教学质量的人事、劳动和分配制度。

以上详细方案我校将随后上报。

恳请国家计委能充分考虑我校试办软件学院的必要性和可行性,尽快予以批准,是为至盼。

附件:

1.厦门大学试办软件学院学科、教师队伍、办学条件、学校与高新技术企业合作办学等基本情况

2.厦门市政府全力支持厦门大学试办软件学院的函

(厦门大学印章)

二○○一年十一月十六日

四、荣休教师

1. 计算机科学系

何宗炯

何宗炯,男,1936 年 12 月生,广东潮州人。1965 年厦门大学数学系本科五年制毕业,同年留数学系任教,直至 1982年转入厦门大学计算系任教,职称为"高级讲师",1996 年退休。

在数学系任计算机教研室主任;进入计算机系后,任微机应用教研室主任。20 世纪 70 年代末,校拟筹建厦大计算机系,委以李文清为首七人(其中有黄国柱、蔡经球、何宗炯、蔡维璇及物理系的刘士毅、廖佩莹等)筹建。直至 1982 年,计算机系成立。曾参加射流技术推广,曾到厦门烟厂实现"烟丝自动加料技术"。1974 年至 1978 年

在青州造纸厂参加造纸车间计算机过程控制。

谢文山

谢文山,男,1938 年生,福建龙岩人。1961 年毕业于厦门大学数学系,同年入职厦门大学数学系,担任讲师,1998 年退休。曾任厦门大学计算机系副系主任,分管教学。1984 年与王士铁合作编著的《离散数学》由厦门大学出版社出版。

王尔祺

王尔祺,男,1938 年 1 月 28 日生,福建永春人。1960 年毕业于浙江大学机械系,1960 年入伍参军(0673 部队—核试验基地—西安应用光学研究所),1985 年入职厦门大学工学院,1998 年退休。其间历任高级工程师、副教授、教授,曾任厦门大学新技术研究所副所长、中国光学科学学会理事。曾获中国科学大会奖 2 项,国家科技进步奖二等奖 1 项,在《仪器仪表学报》《厦门大学学报》等刊物发表论文 10 余篇,出版专著《光学仪器精度分析》一书。

杨晓文

杨晓文,男,1938 年生,浙江绍兴人。1962 年毕业于复旦大学物理系,1986 年入职厦门大学新技术研究所,副研究员,1998 年退休。获国家发明奖 1 项,发表论文 5 篇。

王士铁

王士铁,男,1938 年 10 月 7 日生,福建永春人。1961 年7 月 1 日毕业于浙江大学数学力学系,1961 年分配温州师范学院,1962 年 4 月调到泉州师范学院,1963 年 7 月合并至福建省第二师范学院,1970 年调到厦门大学数学系,1984 年调到厦门大学计算机系,历任讲师、副教授、教授,1998 年退休。

骆玉赞

骆玉赞,男,1940 年生,福建惠安人。中共党员,厦门市政协委员。1966 年毕业于南京航空航天大学自动控制专业,5 年制本科。1989 年调入厦门大学新技术研究所,1990 年任新技术研究所副所长,高级工程师,2000 年退休。发表论文 3 篇,获省市级科技进步奖 3 项。退休后任厦门市老科协机电专委会主任。

林锡来

林锡来,男,1943 年 6 月生,福建云霄人。1965 年毕业于上海交通大学无线电通信专业,中共党员。1985 年调入厦门大学,其间历任讲师、副教授、教授。1992 年享受国务院特殊津贴。

曾经任职:厦门大学新技术开发研究所所长,厦门大学计算机系主任,厦门大学工学院副院长。兼任福建省计算机学会副理事长,厦门市计算机学会第三、第四、第五届理事长。曾承担各类项目 40 多项,其中获得省部级科技进步奖的有 10 多项,发表论文 20 多篇。

李堂秋

李堂秋,男,1944 年生,福建长乐人。1969 年毕业于上海交通大学电机系,1979 年考入上海工业大学自动化系人工智能研究生,1982 年毕业并获得工学硕士学位。同年入职厦门大学计算机系,历任讲师、副教授、教授,直到 2004 年退休。工作期间两次公派美国 Brandeis 大学计算机系和卡内基梅隆大学计算语言学专业当访问学者四年。曾任厦门大学计算机系副主任、主任,计算机与信息学院副院长。在国内外著名刊物发表多篇论文,一项目成果被评选为“九五”期间优秀科研成果,获得过省科学进步二等奖。曾任中国人工智能学会自然语言理解与模式识别分会副会长、机器翻译分会副会长、福建省计算机学会副理事长、厦门计算机学会理事长等。

叶仰明

叶仰明,男,1944 年生,福建厦门人。1966 年毕业于厦门大学数学系,1978 年入职厦门大学数学系,后调到计算机科学系,2002 年退休。其间历任助教、讲师、副教授、教授。曾任计算机科学系软件教研室主任。曾获得福建省科学技术进步二等奖(排名第二),在《计算机学报》等刊物上发表论文 10 来篇。

王博亮

王博亮,男,1945 年 5 月生,福建闽侯人。1969 年毕业于哈尔滨军事工程学院,长期从事电子技术、计算机应用及生物医学工程研究。1989 年赴美国威斯康星大学进修生物医学工程,1991 年回国。1999 年 1 月从国防科技大学引进,调入厦门大学工作。任厦门大学信息科学与技术学院教授、博士生导师 。2005 年 5 月退休。

获全军科技进步奖一等奖 1 项,军队、福建省科技进步奖二等奖 4 项,福建省发明专利三等奖 1 项,省级优秀教学成果奖 3 项。先后研制了我国第一台"多导睡眠监测仪""肝癌手术计划系统"等 5 种新型医疗仪器,取得医疗器械产品注册 2 项。曾任中国电子学会医药信息学分会医学图像处理与分析专业委员会委员、中国图像图形学会医学影像专业委员会委员、中国生物医学工程学会生物信息与控制分会委员、中国数字医学(数字人)研究联络组成员、中国解剖学会断层影像解剖学专业委员会数字化虚拟人体学组成员、厦门市医疗器械首任会长。现任福建省医疗器械学会专家委员会副主任、厦门市医疗器械协会专家委员会主任。

陈鼎鼎

陈鼎鼎,女,1946 年生,江苏江都人。1970 年毕业于复旦大学数学系,1981 年兰州大学数力系进修班结业,并留校在兰州大学数力系任教,1985 年调入厦门大学计算机系担任软件专业教师职务,历任讲师、副教授、教授,2001 年退休。

薛永生

薛永生,男,1946 年生,福建晋江人,福建福清人。1975年 8 月毕业于厦门大学数学系控制理论专业。任厦门大学信息科学与技术学院计算机科学系教授,研究生导师。获得厦门大学第二届名师奖荣誉称号。曾担任厦门大学计算机科学系系副主任、厦门大学计算机公共实验室主任、计算机软件与理论研究所所长,并兼任福建省教育厅高校计算机教育指导委员会委员、福建省教育厅高校计算机等级考试中心副主任、中国计算机学会高级会员、中国数据库专业委员会委员、中国电子政务理事会理事、华东地区高校计算机教育研究会常务理事、福建省计算机基础教育研究会副理事长、福建省计算机学会高等教育与出版工作委员会副主任。

李名世

李名世,男,1947 年 8 月生,福建晋江人。1982 年 2 月毕业于厦门大学数学系控制理论专业,留校在新组建的计算机科学系任教,副教授,硕士生导师,2007 年退休。主要研究方向为计算机网络、多媒体技术。曾任厦门大学信息学院教学实验中心副主任、计算机应用教研室主任、网络实验室主任。作为专家组成员,曾参与厦门大学校园网筹建。曾负责厦门大学海韵园 985 中心机房的建设与管理(常务副主任)。

曾获福建第四届自然科学优秀论文二等奖、厦门市科学技术进步三等奖。参加过国家重点基础研究发展规划(973)项目子课题和国家自然科学基金项目研究。

陈道乾

陈道乾,男,1948 年生,福建南安人,退伍军人。1976 年毕业于浙江大学物理无线电系计算机制造专业,1976 年入职厦门大学数学系,1982 年计算机科学系成立即进入计算机科学系,2008 年退休。其间历任助教、讲师、副教授。曾兼任厦门大学计算机科学系党总支副书记,中共厦门大学信息科学与技术学院党委书记(四级职员),2007 年 9 月离任,中国计算机科学学会会员。曾获福建省科学技术进步三等奖、福建省高等教育教学成果二等奖（集体），在核心刊物上发表论文多篇。

郑蕤蕤

郑蕤蕤，女，1949 年 2 月生，福建福州人。1965 年毕业于厦门大学数学系，后分配北京国防科委十院十五所工作，1972 年调回厦门大学海洋系航海专业，于集美航海学院任教，1981 年厦门大学计算机系成立，调入厦门大学计算机系任教，讲师，1997 年 10 月退休。其间获第一届九州教学优秀奖、厦门大学教书育人奖和校巾帼英雄奖各一次。

陆达

陆达，男，1954 年生，吉林省吉林市人。1988 年毕业于东北电力大学计算机及其应用专业，工学硕士。曾担任东北电力大学信息工程学院副院长、电气工程学院院长，吉林省重点学科"电力电子与电力传动"学科带头人，哈尔滨工业大学兼职教授。2002 年 7 月调入厦门大学信息科学与技术学院，任计算机系统结构研究所所长、教授，2014 年 4 月退休。

任职期间一直从事计算机专业教学与科研工作，独撰或以第一作者身份在公开出版刊物上发表论文 40 余篇，主持完成或参加完成国家 863 等纵、横向科研项目 10 余项，多项成果获奖。

倪子伟

倪子伟，男，1954 年生，福建泉州人。1980 年毕业于厦门大学数学系，1986 年毕业于加拿大达尔豪斯大学计算机系，获硕士学位，1980 年入职厦门大学数学系，1982 年入职厦门大学计算机科学系，2014 年退休。其间历任讲师、副教授。

曾任厦门大学计算机系工会主席、厦门大学信息科学与技术学院工会主席、厦门大学附属科技中学副校长。获厦门大学教学名师、福建省优秀教学成果一等奖。出版教材《离散数学》(科学出版社)、《软件开发过程》(教育出版社),发表论文 30 多篇。现任厦门大学附属中学副校长。

卢伟

卢伟,男,1955 年生,福建大田人。1982 年毕业于上海工业大学,获学士学位,1987 年毕业于吉林大学,获硕士学位,1987 年入职厦门大学工学院,2015 年退休。其间历任讲师、副教授。曾任厦门大学计算机科学系副主任。在核心刊物发表论文 6 篇,获国家发明专利 2 项。

黄保和

黄保和(黄宝和),男,1956 年 11 月生,福建厦门人。1980 年毕业于福州大学计算机系,同年入职厦门大学经济学院,1997 年转入厦门大学计算机系,2016 年退休。其间历任讲师、副教授。

曾任厦门大学公共计算机教学部主任、2007—2011 年教育部高等学校文科计算机基础教学指导委员会委员、中国计算机基础教育研究会常务理事等。曾获福建省教学改革二等奖,主编教材 10 部,其中包括 1 部国家级"十一五"规划教材。

赵致琢

赵致琢,男,1957 年 8 月生,上海人。1974 年高中毕业后曾在新天精密光学仪器公司当工人 4 年,1978 年考入大学深造,1982 年毕业于贵州大学数学系计算机软件专业,获理学学士学位,1988 年和 1992 年先后毕业于中国科学院数学研究所计算机软件专业,分别获得工学硕士、博士学位。厦门大学计算机科学系教授,曾兼任仰恩大学计算机科学系教授、系主任。主攻计算机科学理论与软件专业,主要从事计算模型与分布式基础算法、软件开发方法学、计算机科学教育研究。曾先后参与中船总公司、地质矿产部、国家 863 计划、国家自然科学基金等多个项目的研究工作,先后主持国家 863 计划,国家自然科学基金,教育部、科技部、福建省自然科学基金,中国科学院重点开放实验室的多项科研项目和教育改革项目的研究工作。

连续担任未来软件新技术国际学术会议(International Symposium On Future Software Technology,ISFST)程序委员会委员,受聘担任国防工业出版社《现代计算机科学与技术教材系列》编审委员会委员、执行副主编,受聘担任贵州大学等多所学校兼职、客座教授,2006 年受聘担任教育部计算机科学与技术专业教学指导委员会委员。

2001 年,计算机科学与技术一级学科人才培养科学理论体系(框架),获得福建省优秀教学成果奖一等奖,之后获国家级优秀教学成果奖二等奖(第一获奖人)。2003 年度获福建省首届高等学校教学名师奖。2008 年,计算机科学与技术一级学科科学办学的理论与实践,获福建省优秀教学成果奖一等奖(第一获奖人)。

2. 电子工程系

何君式

何君式,男,1936 年生,福建厦门人。1960 年毕业于南京工学院,1978 年入职厦门大学物理系,后转入电子工程系,1996 年退休。其间历任讲师、副教授。

姚天贵

姚天贵,男,1938 年生,福建莆田人。1961 年毕业于厦门大学物理系,1969 年入职厦门大学物理系,其间曾在厦门四中任教,1998 年在厦门大学电子工程系退休。历任讲师、副教授。

庄美辉

庄美辉,男,1939年生,福建莆田人。1960年提前毕业,在物理系无线电教研室任教,1962年至1966年在物理系国家重点科研项目601工作,1987年评为高级实验师,后转入电子工程系,任厦门大学公共电子学实验室主任、电子工程系副系主任,1999年12月退休。

陈彩生

陈彩生,男,1939年12月生,福建莆田人,中共党员。1961年毕业于厦门大学物理系无线电物理专业,同年入职厦门大学物理系,1984年任物理系副主任,1986年入职厦门大学工学院电子工程系,任系副主任、主任等职,1999年12月退休。其间历任助教、讲师、高级工程师、教授等职务。在职期间,其所领导的物理系电子学教研室和厦门大学电视台曾

获得厦门大学第二届和第四届南强奖。在国内外学术刊物及会议上与科研组教师合作共发表论文70多篇,其中有30多篇论文被EI、SCI、ISTP所收录。1993年起享受国务院颁发的专家特殊津贴。

张德坚

张德坚,男,1940年10月生,山东烟台人。1966年毕业于北京大学无线电电子学系,1969年入职厦门大学物理系,后转入电子工程系,2000年退休。其间历任讲师、副教授。

黄云鹰

黄云鹰,男,1948年4月生,福建福州人。1982年毕业于厦门大学物理系,获学士学位,同年入职厦门大学物理系,1986年入职厦门大学电子工程系,2008年退休。其间历任讲师、副教授。曾任厦门大学电子工程系副系主任。

谢廷贵

谢廷贵,男,1949 年生,福建闽清人。1976 年 7 月毕业于厦门大学物理系,同年入职厦门大学物理系,后转入电子工程系,2009 年退休。其间历任讲师、副教授、教授(厦门大学嘉庚学院)。曾任厦门大学电子工程系党总支副书记,电子工程系副主任,厦门市电子学会副秘书长,厦门大学嘉庚学院电子工程系主任、信息学院院长。在《厦门大学学报》等刊物上发表论文 10多篇。

3. 信息与通信工程系

洪再生

洪再生,男,1936 年生,福建厦门人。1956 年同安一中高中毕业,1956 年至 1960 年年于初福建师大物理系学习,1960 年又转西安交通大学无线电工程系无线电专业学习,1963 年毕业(毕业文凭号 3508 号),1963 年至 1973 年在福州大学电子工程系任教,1973 年 5 月至 1988 年在厦大物理系任教,1988 年至 1997 年在厦门大学电子工程系通信专业任教。

施章伟

施章伟,男,1937 年生,福建晋江人。1959 年毕业于厦门大学物理系电子物理专业,1959—1985 年在厦门大学物理系和华侨函授部任教,1986—1997 年在厦门大学电子工程系任教,1997 年退休,续聘两年。其间历任助教、讲师、副教授。曾任国家教委首届高等学校理科教学指导委员会委员。主要著作为《模拟集成电路通信应用实验》,主要论文有"图像动态信息的检测和报警""电视技术"等。

魏耀明

魏耀明,男,1937 年生,福建龙岩人。1959 年毕业于厦门大学物理系物理专业。同年留校任教,入职厦门大学物理系,助教、讲师,1986 年入职厦门大学电子工程系任教,副教授,1997 年退休。

林士群

林士群,男,1937 年生,福建厦门人。1960 年毕业于哈尔滨工业大学,留校在无线电工程系任教,1970 年到哈尔滨工业大学南迁后的重庆工业大学工作,1975 年转到邮电部武汉邮电科学研究院,从事毫米波波导通讯的科研工作,并被评为通讯工程师,1979 年入职厦门大学物理系,1986 年至1997 年在厦门大学电子工程系从事教学与科研工作,被评为副研究员,1997 年退休。在哈尔滨工业大学期间承担国家国防建设科研任务,项目完成后获评为 1978 年全国科学大会奖。

李元密

李元密,男,1938 年生,福建仙游人。1960 年提前毕业于厦门大学物理系,留物理系任教,历任助教、讲师,1973 年开始历任物理系和电子工程系的无线电专业主任和无线电教研室主任至退休,1986—1999 年,在电子工程系历任讲师、副教授、教授,1999 年退休。曾任中国电子学会教育学会委员、中国电子学会消费电子分会委员和信息论分会委员。

主编 3 本著作,历年在专业期刊和全国及国际学术会议论文集正式发表论文 80 多篇,其中 5 篇获优秀论文奖,2 篇被 ISTP 收录,授权发明专利 4 项。完成 1 项福建省自然科学基金项目,主持合作完成 3 项福建省科委的重点科技项目,1 项成果被选入中国"八五"科技成果选。1978 年,主持合作完成的 1 项成果获得福建省科学大会奖。

吕文秋

吕文秋,男,1939 年生,福建厦门人。1962 年毕业于北京航空学院无线电系(现北京航空航天大学),毕业后留校任教,1975 年转入厦门大学物理系无线电专业任教,1986 年在厦门大学电子工程系任教至 1999 年退休。其间历任助教、讲师、副教授。曾兼任教研室主任、分管科研及研究生教学的副系主任、系总支书记。曾任厦门通信学会剙理事长及电子测量与仪器学报编委。曾在学报及国内外学术会议发表论文 7 篇。

许克平

许克平,男,1938 年生,福建泉州人。1960 年毕业于厦门大学物理系,曾历任厦门大学教授、博士生导师、政府特殊津贴获得者、厦门市政协委员、政协文教组组长、厦门大学工学院院长等职。任职期间,促成国家教委与厦门市政府共建厦门大学工学院,为厦门大学工学院发展提供极其重要的条件。长期从事教学和科研工作,从事水声图像、语音、数据传输及电子技术应用研究。承担过 3 项国家 863 计划课题,及多项省部级课题,致力于解决水声语音通信中多途径干扰难题,培养了多名优秀博士生。1989 年获福建省优秀教师奖及称号,1992 年获国家劳动人事部授予"国家有突出贡献中青年专家"称号。

郭东亮

郭东亮,男,1940 年生,福建厦门人。1963 年毕业于合肥工业大学电机系,分配到第一机械工业部广州机床研究所工作,任技术员、工程师,1979 年调到厦门大学,先后在计算机系、计算中心、电子工程系工作,历任计算机系算法语言教研室主任、计算中心微机室主任、高级实验师,2000 年退休。发表论文"谈文科计算机课程内容""对微机原理教学的几点建议"等。

陈辉煌

陈辉煌,男,1944年生,福建厦门人。1963年考入哈尔滨军事工程学院计算机专业,毕业后在原电子部4540厂工作,1978年考入中国人民解放军国防科学技术大学无线电制导专业攻读硕士学位,1981年毕业留校任教。先后被中国人民解放军国防科学技术大学聘为副教授、教授、博士生导师,历任中国人民解放军国防科学技术大学电子技术系副主任、国防科技大学电子工程学院副院长,1993年入选享受国务院政府特殊津贴专家。1997年调入厦门大学从事科研与教学至今,先后担任厦门大学首任工程技术学部主任、厦门大学计算机与信息工程学院首任院长、厦门大学学术委员会委员等。

先后任国家863-409专题专家组成员,863-308组外专家组成员,国家科技奖军用电子专业评审组成员、"数字福建"专家组成员、"福建省制造业信息化"专家组组长、"厦门市信息化"专家组组长等。曾获国家科技进步奖1项,省部级一等奖2项、二等奖3项、三等奖4项,发表论著2部,论文60余篇,被福建省人事厅、省教育厅授予"福建省优秀教师"称号。

黄盛璋

黄盛璋,男,1944年生,上海人。1966年毕业于华东师范大学物理系,1967年起入职厦门大学物理系,后转入厦门大学电子工程系,2004年退休。其间历任讲师、副教授等职。

郑天晖

郑天晖,女,1945年生,福建福州人。1967年毕业于厦门大学物理系物理学专业,1968年至1970年在沈阳军区3280部队农场劳动锻炼,1970年至1982年在重庆钢铁公司工作,其间先后任职电工、技术员、工程师,1982年调回厦门大学计算中心,负责M340计算机系统硬件维护、计算机数据库管理系统软件开发和学校校园网的设计组建等工作,1990年调入厦门大学电子工程系,进行有关计算机课程的教

学,职称为高级工程师,2000 年退休。

朱义然

朱义然,男,1946 年生,福建晋江人。1969 年毕业于北京大学无线电电子学系,1983 年毕业于北京大学无线电电子学系,获硕士学位,1983 年到厦门大学物理系,后转入厦门大学电子工程系,2006 年退休。其间历任讲师、副教授等职。曾获得"中国通信学会优秀论文二等奖"。

许茹

许茹,女,1946 年生,江苏泰州人。1969 年毕业于天津大学自动化系,1979 年入职厦门大学,2006 年退休。其间历任讲师、副教授、教授、博士生导师。曾任厦门大学计算机与信息工程学院副院长兼电子工程系主任。

在信息与通信工程、电子科学与技术学科领域内,着重在水声信道多媒体信息传输与智能电子系统方面作为项目负责人和主要参与者,承担并完成了多项国家 863 项目、国家自然科学基金项目、教育部重点项目、省自然科学基金项目、省重点科技项目。多次获得省级优秀课程奖,曾获省级优秀教学成果一等奖、二等奖。2001 年至 2005 年被教育部聘为电子信息与电气学科教学指导委员会电子信息科学与电气信息类基础课程教学辅导分委员会委员。

4. 软件学院

董槐林

董槐林,男,1957 年 9 月生,福建新罗人。1980 年 2 月毕业于厦门大学数学系,1980 年 3 月至 2002 年 3 月厦门大学数学系任教,历任助教、讲师、副教授。其间,1988 年 11 月至 1990 年 12 月公派荷兰 Amsterdam 大学交流访问,1996 年 1 月至 2002 年 3 月兼任数学系副主任,2002 年 4 月调任厦门大学软件学院,先后任副教授、教授,2002 年 4 月至 2012 年 12 月兼任学院副院长,2013 年 1 月至 2018 年 12 月兼任学院党委书记。

曾在国内外重要学术刊物和学术会议上发表论文 50 多篇。主持教育部-IBM 和福建省"软件工程"精品课程。获厦门大学教学成果特等奖、福建省教学成果一等奖、教育部-IBM 奖研金。

陈海山

陈海山,男,1957 年生,福建漳州人。1982 年毕业于厦门大学计算机科学系控制理论专业,获理学士学位,1982 年入职厦门大学计算机科学系,2017 年退休。其间历任讲师、副教授、教授。

5.人工智能系

潘伟

潘伟,男,1958 年生,广东顺德人。1982 年毕业于广西大学数学系,获学士学位,1988 年毕业于厦门大学计算机与系统科学系,获硕士学位,2018 年退休。其间历任编辑、讲师、副教授、教授。曾任厦门大学人工智能研究所副所长、福建省人工智能学会理事。

周昌乐

周昌乐,男,1959 年生,山东威海人。1982 年毕业于大连理工大学计算机科学与工程系,获学士学位,1985 年毕业于西安交通大学计算机科学与工程系,获硕士学位,1990 年毕业于北京大学计算机科学与技术系,获博士学位,2001 年入职厦门大学计算机科学系,后转入智能科学与技术系。国家二级教授,厦门大学"计算机科学与技术"一级学科带头人,教育部英才计划指导教师,先后被聘为文、理、工、医、哲

5 个不同学科门类的博士生导师,国家汉办"孔子新汉学计划"博士生导师,

2019 年退休。

　　曾任厦门大学国家示范性软件学院首任院长、厦门大学信息科学与技术学院院长、厦门大学人工智能研究所所长、福建省仿脑智能系统重点实验室主任、厦门大学知识论与认知科学研究中心学术委员会主任、中国人工智能学会理事、中国计算机学会理论计算科学专委会委员、中国自动化学会机器人专业委员会委员、中国认知科学学会认知计算与人工智能工作委员会委员、福建省人工智能学会理事长、《心智与计算》主编、《厦门大学学报》(自然科学版)副主编、《认知科学》学术顾问。

大事记

1922 年 7 月　厦门大学增设工学部,开始工科办学历史。

1923 年　厦门大学理科分设 6 个系,物理系正式成立。

1955 年　物理系物理学专业中设置电子物理专门化,下分无线电和电子发射两个方向。

1958 年　厦门大学开始在数学系试制计算机与开展自动控制理论的教学研究。

1958 年　厦门大学物理系正式成立了"无线电物理专业"。

1959 年　厦门大学计划建立以"半导体与无线电电子学"为特色的技术物理研究所。

1960 年　数学系计算机、计算数学教师全部支援福州大学。

1960 年　厦门大学电子管厂迁往福州,支援福州大学无线电系的发展。

1970 年　再次建立试制计算机小组与射流元件研制组,开始筹划制造计算机,并建立计算机服务站、开展计算程序研究。

1970 年　厦门大学数学系的射流技术团队与学校仪器厂合作,设计并成功试制出一套"射流元件",并由此制造了一台射流控制气动锯床。

1971 年　设立"计算技术与自动控制"专业,1972 年开始招生。

1971 年　厦门大学数学系的射流技术团队与厦门卷烟厂合作,制造并安装了一台加料程序自动控制机,这使得该厂的 8 台卷烟机实现烟丝加料自动化。

1972 年　以计算技术与自动控制专业为基础,在数学系成立了控制理论教研室。

1976 年　计算技术与自动控制专业改名为控制理论专业。

1977 年　厦门大学向教育部提出申请,计划新设无线电电子学研究室。

1977 年　厦门大学参与了福建省国防工业办公室主导的 050 微型机试制

工作。

1977 年　厦门大学与华东师范大学、山东大学、南开大学、中山大学的同行发起全国的"控制理论与应用学术交流会"。

1978 年　控制理论专业教师参加原国重 105 项目"研究系统工程——解决大系统的最优设计、最优控制和最优管理的问题"的研究,参加当时教育部组织的该科研组 1978 年、1979 年、1980 年 3 次学术讨论与工作协调会议。

1979 年　受中国自动化学会的委托,在厦门举办第一届全国控制理论与应用学术交流会,该会议后续发展为中国控制会议。

1980 年　厦门大学开始筹办计算机科学系。

1980 年 9 月 6 日　数学系教师林坚冰和张平向学校提交了《关于建立厦门大学计算机科学系的建议》。

1980 年 9 月 9 日　化学系教师季欧向学校提交了《关于建立厦门大学科学仪器与试验工程系的初步建议》。

1981 年　厦门大学数学系获运筹学与控制论硕士学位授予权。

1981 年　厦门大学主办中国自动化学会系统工程专业委员会第三次学术讨论会。

1982 年 2 月　正式成立厦门大学计算机科学系,下设控制理论、计算机软件、系统工程 3 个专业。

1982 年　计算机科学与技术本科专业设立。

1982 年 2 月 22 日　国家仪器仪表工业总局致函教育部、抄送厦门大学,建议在厦门大学设立分析技术及仪器专业。

1983 年　厦门大学获准创办"系统工程"专业,这也是全国综合性大学理科中的第一个系统工程专业,该专业从 1984 年开始招生。

1983 年 6 月　在科学仪器教研室的基础上成立科学仪器工程系。

1984 年 7 月　厦门市和厦门大学制定了《厦门市与厦门大学建立全面的科技经济协作关系议定书》。

1984 年 8 月 22 日　厦门市政府同意厦门大学设立"厦门大学科学技术开发公司",并通过相关优惠政策给予支持。

1984 年　厦门大学计算机科学系就通过举办微电脑培训班,为福建省和厦门市培养了部分专业人才。

1985 年 1 月 29 日　厦门大学向教育部及教育部计划财务司提交了《关于成立厦门大学技术科学学院的报告》。

1985 年 2 月　厦门大学计算机科学系向学校提出了《关于申请微电脑自学考试开考的报告》。

1985 年 4 月　教育部正式批准厦门大学设立无线电电子学专业。

1985 年 10 月 4 日　国家教育委员会批复并同意厦门大学设立技术科学学院。

1985 年 11 月 18 日　厦门大学向福建省和厦门市提出建议,希望省、市与厦门大学共同成立"新技术开发研究所"。

1985 年 12 月 30 日　技术科学学院电子工程系正式成立。

1986 年　厦门大学计算机与系统科学系开始应厦门市政府培养人才的要求,开设有计算机应用高等教育自学考试专修班(大专层次)。

1986 年 4 月 23 日　福建省人民政府批准建立厦门经济特区、厦门大学新技术开发研究所。

1986 年 11 月 15 日　计算机科学系改名为计算机与系统科学系。

1986 年 12 月 1 日　经计算机与系统科学系提出请示报告,学校研究同意该系作为福建省系统工程学会的挂靠单位。

1987 年　控制理论专业更名为控制科学专业。

1987 年　厦门大学建筑系成立。

1988 年　厦门港最大的生产企业东渡装卸公司引进微机系统后,通过与厦门大学合作,优化部件、零件、工属具库存管理方法,使采购批量、时间间隔达到最科学、费用最低。

1989 年 10 月 16 日　厦门大学向国家教委成人教育司提交了"计算机应用(计算机会计)"专业专科函授申报表及备案表。

1990 年 9 月　技术科学学院改名为工程技术学院,下设计算机科学系、科学仪器工程系、电子工程系和建筑系。

1991 年 5 月　科学仪器工程系更名为科学仪器与精密机械系。

1991 年 12 月　计算机与系统科学系被撤销,设立厦门大学计算机科学系、厦门大学系统科学系 2 个系。

1992 年 5 月 11 日　厦门大学向国家教育委员会成人教育司提交了在厦门

大学夜大学设置计算机及应用专业的请示报告。

1992 年 8 月 4 日　厦门大学向厦门市人民政府提出与新加坡应用电脑专门学院联合举办自费的"国际电脑专业文凭"课程班。

1992 年 8 月 31 日　厦门大学向国家教委成人教育司提出请示,计划开办"计算机应用专业函授专科班"。

1992 年　能源部教育司与厦门大学签订了《关于厦门大学为能源部培养系统工程专业人才的协议书》,并先后再提供 30 万元用于改善办学条件。

1993 年　中国空间技术研究院(简称五院)重新与厦门大学签订合作协议,在 5 个方面开展合作:互聘兼职教授、在系统科学系设 CAST 奖、本科生到五院毕业实习、参加五院的预演课题研究、向五院保送研究生。

1994 年 4 月 3 日　经学校研究决定,"厦门大学工程技术学院"更名为"厦门大学工学院"。

1994 年 4 月 22 日　厦门市人民政府正式批准由厦门大学和新加坡电脑应用专门学院联合开办"厦门中新国际电脑学院"。

1994 年　通信工程本科专业设立。

1994 年 5 月 17 日　国家教委与厦门市政府签订共建协议,以原厦门大学工程技术学院为基础,共同建设厦门大学工学院。

1994 年 5 月 23 日　厦门大学正式发布通知,受厦门市政府委托,厦门中新国际电脑学院归厦门大学工学院主管。

1994 年　厦门大学工学院创办飞机维修专科班。

1996 年 10 月　厦门大学系统科学系改名为自动化系。

1996 年　获批计算机应用技术专业硕士学位授予权。

1998 年　科学仪器工程系并入机电工程系。

1999 年 7 月　在工学院的基础上,由计算机科学系、自动化系和电子工程系组建计算机与信息工程学院。

1999 年秋季开始　除数学、自动化系外,理工科的计算机基础课开始归口计算机系统开课。

2001 年 7 月　由厦门市政府、厦门大学、国防科技大学三方共建成立 ATR 第六研究室(智能图像与信息处理研究室)。

2001 年 11 月　厦门大学向国家计委提出试办示范性软件学院的申请。

2001 年　获得通信与信息系统硕士学位点。

2002 年 2 月　教育部和原国家计委批准建设软件学院，这是国家首批建设的 35 所示范性软件学院之一。

2002 年 9 月　软件学院迎来首届本科生、工学硕士研究生入学。

2002 年　软件工程本科专业设立，2003 年开始招生。

2002 年　自动化系获得控制工程领域工程硕士学位授予权。

2002 年　厦门大学主办国际控制与自动化学术会议以及国际工程制造与管理学术会议。

2003 年　获得通信与信息系统二级学科博士学位授权点。

2003 年　获得信号与信息处理硕士学位授权点。

2003 年　获批控制理论与控制工程二级学科博士点。

2003 年 9 月 29 日　软件学院通过中期评估。

2003 年　获批计算机软件与理论和计算机系统结构两个专业的硕士学位授予权。

2003 年　在电子工程系通信工程专业的基础上，成立通信工程系。

2003 年 5 月 26 日　厦门大学复函厦门市科技局，同意将厦门经济特区（厦门大学）新技术开发研究所的所有资产划转到厦门大学并进行改制。

2004 年　国务院学位办批准软件学院的软件工程专业硕士授予权，该专业从当年开始招生。

2004 年　成立厦门大学系统与控制研究中心。

2004 年 11 月　计算机与信息工程学院更名为信息科学与技术学院，学院下设 4 个系，分别为计算机科学系、自动化系、电子工程系、通信工程系。

2005 年　获批教育部水声通信与海洋信息技术教育部重点实验室。

2005 年　获批系统工程二级学科博士点。

2005 年　获批控制科学与工程一级学科硕士点。

2005 年　控制理论与控制工程学科获得福建省重点学科。

2006 年年初　全国软件学院年会在厦门大学举行。

2006 年年初　教育部批准软件学院开设"数字媒体艺术"本科专业，该专业从 2007 年开始招生。

2006 年　获得信息与通信工程一级学科硕士学位授权点。

2006 年　获得计算机科学与技术一级学科硕士学位授权点。

2006 年　计算机软件与理论(二级学科)被评为福建省重点学科。

2006 年 6 月　厦门大学软件学院通过教育部高等教育司的示范性软件学院验收评估,教育部专家组对软件学院的工作给予充分肯定和高度评价。

2006 年 9 月 29 日　软件学院软件工程系和数字媒体工程系成立。

2007 年　智能科学与技术本科专业设立,2019 年停止招生,以人工智能专业招生。

2007 年　成立智能科学与技术系,归属于厦门大学信息科学与技术学院。

2007 年　厦门大学获批"电路与系统"二级学科博士点。

2007 年 12 月 12 日　成立中共厦门大学软件学院委员会。

2008 年　学院与荷兰莱顿大学、汉恩应用科技大学、海牙应用科技大学等 5 所荷兰高校共建国际化软件人才实习基地——中荷信息技术应用能力研发中心(China-Holland Educational Competence and Knowledge Center on Information Technology,CHECK-IT),这也是国家软件与集成电路人才国际培训(厦门)基地主要成员。

2008 年　教育部批准设立"集成电路与集成系统"本科专业。

2009 年 1 月　海西工业技术研究院通信工程技术研究中心获福建省科技厅批准建设。

2009 年　获批福建省无线通信接入工程技术研究中心。

2009 年　获批厦门大学-中国空间技术研究院智能计算与智能控制联合实验室。

2010 年　获得信息与通信工程一级学科博士学位点。

2010 年　计算机科学与技术专业增列为博士学位授权一级学科。

2010 年　获批"电子科学与技术"一级学科博士点。

2011 年　获批福建省数字媒体创意与涉及行业技术开发基地。

2012 年　学院与美国得克萨斯大学达拉斯分校开展"1+1+1"双硕士项目。

2012 年　信息与通信工程一级学科成为福建省重点学科。

2012 年 6 月　计算机科学与技术专业博士点一级学科获批福建省重点学科。

2012 年　获批控制科学与工程博士后流动站。

2012 年　控制科学与工程获批为福建省重点一级学科。

2013 年　数字媒体技术本科专业设立,2014 年开始招生,2013 年以前以"数字媒体艺术"专业招生。

2013 年　自动化本科专业入选教育部卓越工程师培养计划。

2013 年　软件工程专业入选教育部卓越工程师教育培养计划。

2013 年　计算机科学与技术专业入选教育部卓越工程师教育培养计划。

2013 年　控制科学与工程学科获批福建省控制科学与工程研究生教育创新基地。

2015 年 3 月　厦门大学、福州大学、福建省电子信息集团共建海西卫星导航定位技术协同创新中心。

2015 年　获批福建省智慧城市感知与计算重点实验室。

2015 年　自动化系并入新成立的厦门大学航空航天学院。

2016 年　学院与加拿大卡尔加里大学签订本科"2＋2"联合培养双学位协议。

2016 年　网络空间安全本科专业设立。

2016 年 9 月　"厦大-火炬极客空间"获得国家科学技术部认定。

2017 年　获批数字福建物联网通信和体系架构安全技术实验室。

2017 年　获批数字福建城市交通大数据研究所。

2017 年　获批数字福建健康医疗大数据研究所。

2017 年　获批数字福建城市公共安全大数据研究所。

2017 年 12 月　依托 ATR 实验室(智能图像与信息处理研究室)建设的"中美青年创客交流中心"获得教育部授牌。

2017 年　电子工程系并入新成立的厦门大学电子科学与技术学院(国家示范性微电子学院)。

2018 年　获批福建省智能化无线通信制造业创新中心。

2018 年　导航与位置服务技术国家地方联合工程研究中心获国家发展和改革委员会批准建设。

2019 年　人工智能本科专业设立。

2019 年　软件工程专业通过中国工程教育专业认证协会组织的工程教育

认证。

2019 年　软件工程专业获批国家级一流专业。

2019 年　计算机科学与技术专业获批国际级一流专业。

2019 年　数字媒体工程系并入软件工程系。

2019 年 6 月　学校对信息科学与技术学院和软件学院进行优化重组,成立信息学院,下设人工智能系、计算机科学系、软件工程系(软件工程中心)、信息与通信工程系和网络空间安全系,同时设立人工智能研究院。信息学院同时挂牌"国家示范性软件学院"。

1921-2021
厦门大学
XIAMEN UNIVERSITY

图像集锦

信息学院学生在 2016 中美青年创客大赛中荣获第一名

信息学院学生参加金砖国家领导人厦门会晤志愿服务

"我知盘中餐"项目斩获第四届中国"互联网＋"大学生创新创业大赛金奖

刘延东(时任国务院副总理)、克里(时任美国国务卿)与我校"宠物自拍器"队员亲切交谈

厦门大学-易图通高精度地图联合实验室获 2017 年度北斗奖天玑星最佳合作奖

信息学院主办第七届 IEEE 未来多媒体技术国际会议

信息学院与华为技术有限公司签署"创新人才中心"合作协议

信息学院与美亚柏科信息股份有限公司共建"网络空间安全联合实验室"揭牌

信息学院主办第七届高等学校计算机类专业人才培养高峰论坛

英特尔杯特等奖颁奖典礼